名师名校名校长

凝聚名师共识
固志名师关怀
打造名师品牌
培育名师群体

绳之韵

——花样跳绳运动进校园

张丽丹 著

西安出版社

图书在版编目（CIP）数据

绳之韵：花样跳绳运动进校园 / 张丽丹著. —西安：西安出版社，2024.5

ISBN 978-7-5541-7562-0

Ⅰ.①绳… Ⅱ.①张… Ⅲ.①跳绳—教学研究—中小学 Ⅳ.①G633.952

中国国家版本馆CIP数据核字（2024）第110972号

绳之韵：花样跳绳运动进校园
SHENG ZHI YUN HUAYANG TIAOSHENG YUNDONG JIN XIAOYUAN

出版发行：西安出版社
社　　址：西安市曲江新区雁南五路 1868 号影视演艺大厦 11 层
电　　话：（029）85264440
邮政编码：710061
印　　刷：北京政采印刷服务有限公司
开　　本：787mm×1092mm　1 / 16
印　　张：15.25
字　　数：184千字
版　　次：2024 年 5 月第 1 版
印　　次：2024 年 6 月第 1 次印刷
书　　号：ISBN 978-7-5541-7562-0
定　　价：68.00 元

△本书如有缺页、误装等印刷质量问题，请与当地销售商联系调换。

跳绳运动历史悠久，当女娲"乃引绳于泥中，举以为人"时，绳子便伴随着人类一起生活了。古人拿绳子来记事，也用它来捆扎收获的农作物，或拴使牛马、捆绑猎物等，绳子成了人类生活中的重要工具。因此，跳绳可能源于原始的农事、狩猎或军事活动。后来跳绳逐渐在南北朝、明清时期出现了"跳白索""绳飞"等不同称呼，使得跳绳活动在我国民间民俗文化发展历史中经久不衰。此后，跳绳运动又流传至海外得到创新发展演变，使得跳绳运动的内涵得以不断拓展。

跳绳是一项既古老又时尚、健康、快乐的体育运动项目。从跳绳的性质上分类，跳绳运动主要包括速度和花样两大类。其中，速度类项目包括30秒单摇跳、30秒双摇跳、4×30秒单摇接力、2×30秒双摇接力、连续三摇跳、60秒交互绳速度跳、3分钟10人长绳绕"8"字跳、1分钟10人长绳集体跳等；花样类项目包括个人花样、两人同步、四人同步、两人车轮、三人交互、四人交互、个人花样（车轮跳、交互绳）规定套路、集体自编赛（小型、大型）等。

可以说，近现代跳绳具备了更多花样和表演动作，并且融合了音乐、舞蹈、体操等元素，成为一项新兴项目。2022年，国家发布

的新版《义务教育体育与健康课程标准》正式将花样跳绳作为一项新兴项目在中小学中进行推广和改革，使得跳绳运动在新时代的国家体育强国建设中站上了新起点，勇立潮头。

本书基于新时代跳绳教学背景，针对当前中小学生的花样跳绳教学、活动赛事组织实施、娱乐表演等进行了系统性的论述，并配有相关示范视频、图片，内容上具有很大的丰富性、实用性和特色性。

本书在编写过程中参阅了相关文献材料，在此一并致谢。受学识的限制，本书还存在很多不完善的地方，因此，恳请广大专家学者以及读者们不吝赐教，多多提出珍贵意见，恭请指正。

第一章

跳绳运动简介

你了解跳绳运动吗？跳绳运动有哪些种类和玩法？它有什么好处？如今的跳绳运动又发生了什么样的变化？带着这些问题让我们走进跳绳运动的世界。

第一节　跳绳运动起源与发展

我国作为跳绳运动的发源地，有着悠久的历史传承背景，并在不断发展的过程中，跳绳运动的内容也在不断结合新时代国内外的优秀元素，最终成为如今的一项新兴的体育运动。2022年4月教育部颁布的《义务教育体育与健康课程标准（2022年版）》（以下简称"新课标"）中，传统的跳绳运动正式发展为"花样跳绳"这一指称，且首次出现在新课标中，表明中小学体育教育中跳绳运动不再是以往单一的、训练枯燥的内容，跳绳的花样性、趣味性、竞技性将在体育教学实践中全面推广运用、逐渐丰富。

在古文明时期，人们通过绳子来记录生活，俗称"结绳记事"，并用麻绳制作绳索，在制造绳索的过程中，人们反复跨越绳索，孩子们感到非常有趣，就用短的绳子模仿，逐渐摸索出一些简单的跳跃绳子的动作，并当成一种游戏来玩耍，这就是跳绳运动的雏形。

跳绳运动在我国民间民俗文化发展历史中经久不息，据史料记载，在南北朝（420—589）时我国就出现了单人跳绳的游戏，《北齐书·后主纪》中便已有"游童戏者好以两手持绳，拂地而却上，跳且唱曰'高末'"的童戏。明代称跳绳为"跳白索"之后,跳绳逐步发展成群众性的杂技,所谓"绳技",是民间艺人庙会上表演的传统节目。在民国时则被称为"跳绳"。17世纪初,荷兰船队途经中国,荷兰人看到了中国孩子们玩的跳绳游戏,感到非常有趣,船员及其孩子们竞相模仿、学习,于是跳绳随着荷兰船队漂洋过海传播到世界各地。

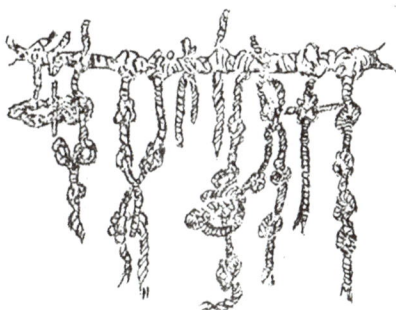

图1-1　结绳记事

图1-2　农耕麻绳

近现代跳绳经过不断演绎和创新,使得跳绳运动包含了更多花样和种类,改变了传统跳绳的枯燥乏味,融合了舞蹈、健身操等于跳绳之中,注入了音乐、舞蹈、体操等时尚元素,并伴随人工智能的产生,跳绳设备也更加科技化、智能化,使之看上去更加富有吸引力。

　　如今，伴随着文化体育活动的发展，跳绳以其简便易行的优势成为单位运动会、社区运动会的主要比赛项目，但是一直以来跳绳比赛项目设置较为单一，观赏性不强，发展比较缓慢。2007年、2009年、2011年我国举办了三届全国跳绳公开赛，全国跳绳公开赛将原来单一的速度性计数赛扩展为包含10项计数赛、5项花样赛和1项表演赛的综合赛事，自此，中国跳绳运动进入了正规化发展的新阶段。花样赛虽然在我国起步较晚，但是给传统的跳绳注入了无限活力，目前全国各地掀起了花样跳绳热潮，地方跳绳协会、俱乐部、花样跳绳特色学校等如雨后春笋般兴起，花样跳绳动作内容更加丰富，各种新的高难度动作不断出现。随着跳绳普及率的提高及竞赛规则的完善，跳绳赛事正朝着规范化、多样化的方向发展。

图1-3　汉代画像石上的跳绳图案

图1-4　1997年西班牙邮票

第二节　跳绳运动分类

跳绳运动的比赛项目与玩法有很多，目前世界上最流行的跳绳运动从运动性质上可以分为两大类，即速度跳绳和花样跳绳，其中，花样跳绳中的交互绳运动最为精彩，本节将重点介绍跳绳运动的速度类项目和花样类别。

一、速度跳绳

速度跳绳在竞赛设置上属于计时计数类跳绳，是在规定时间内统计选手跳绳次数的竞技项目。速度跳绳在比赛中按比赛用绳可以分为三大类，分别为个人绳速度、长绳速度、交互绳速度，每一类又分为不同比赛项目。

1. 个人绳速度

个人绳速度项目众多，主要分为计时跳和计数跳两类。计时跳是在规定时间内统计跳的个数，按跳绳次数多少排列名次。计数跳是在规定个数前提下进行计时，用时越少的选手分数越高。其中，计时跳常见的竞赛项目有30秒单摇跳（在幼儿跳绳竞赛中可采用并脚跳）、30秒双摇跳、3分钟单摇跳、4×30秒单摇接力、2×30秒双摇接力等。计数跳常见的竞赛项目有200个定数计时单摇跳（仅限幼儿跳绳竞赛比赛项目）、800个定数计时单摇跳、2400个定数计时单摇跳、4800个定数计时单摇跳等。

图1-5　30秒单摇跳（轮换跳）

2. 长绳速度

长绳速度主要分为集体跳长绳和长绳跳"8"字两种，常见的比赛项目主要是3分钟10人长绳绕"8"字跳、1分钟10人长绳集体跳，属于计时跳的一种。

图1-6　长绳绕"8"字跳

3. 交互绳速度

交互绳速度是用两根绳子交互摇绳，一人在绳子中间做轮换跳跃的运动。在国家体育总局社会体育指导中心于2020年12月审定颁布的《2021—2024全国跳绳运动竞赛规则》的竞赛设置上，交互绳速度竞赛项目主要包括60秒交互绳速度跳、4×30秒交互绳单摇接力等。在交互绳速度项目上，来自中国的选手曾多次打破交互绳速度的世界纪录，在中华人民共和国第十四届学生运动会（2021年青岛）中，来自中国上海的学生运动员姜大礼、黄俊凯、许东平以288次的优异成绩再一次打破了30秒交互绳速度的世界纪录。

图1-7　交互绳速度

二、花样跳绳

跳绳花样繁多，按照使用绳种的不同可将花样跳绳分为个人绳花样、车轮绳花样、长绳花样、集体自编舞4类，在竞赛中，花样跳绳是指在规定的时间内按照跳绳运动的基本规律，合理运用身体姿势的变化或人与绳之间的配合，凭借选手的想象力和创造性并结合自配音乐将各种跳绳技术动作有机地融合在一起，通过完成所有小动作来全面展示各个花样绳项目的技巧性和艺术性。

1. 个人绳花样

个人绳花样是指一人持绳并在绳中做各种跳跃动作的运动，包括个人花样、双人花样等，个人绳花样在竞赛设置上有不同的难度类别和要求，根据难度等级的不同，主要分为步伐、多摇、力量、体操、绳子控制、放绳、配合互动7类难度，特色鲜明，让人眼花缭乱。

图1-8　个人绳花样

2. 车轮绳花样

车轮绳花样是指两人交错持绳，进行上下交替摇绳，并在绳中做各种跳跃动作的运动，车轮绳花样也叫中国轮（Chinese wheel），顾名思义，车轮绳诞生于中国，是一种新兴的跳绳花样，车轮绳花样需要两人密切配合，并结合摇绳技巧、步伐、空间转换等进行连续跳跃，是一项非常考验表演者配合和身体协调性的运动，并具有极大的观赏价值。

图1-9　车轮绳花样

3. 长绳花样

长绳花样包括单长绳花样和交互绳花样，单长绳花样自古以来就在民间跳绳游戏中流传至今，它是两人摇绳，一人或多人在绳中穿梭跳跃的运动，如今中小学的集体跳长绳、长绳绕"8"字都是中国传统的单长绳游戏的演变。交互绳花样是跳绳花样家族的"新生儿"，交互绳最早源于荷兰，是荷兰船队途经中国借鉴中国跳绳而来，它是由两人各持两根长绳两端交互摇绳，一人或多人在绳中做跳跃穿梭的运动，后来，交互绳传播至美国，在美国和日本广泛发展起来，交互绳结合了舞蹈、音乐、体操、摇绳技巧，往往给人们带来巨大的视觉冲击，是一项非常受欢迎的娱乐竞技运动项目。

图1-10 长绳花样

4. 集体自编舞

集体自编舞在竞赛设置上分为大型集体自编舞（8~16人，4~6

分钟，自配音乐）和小型集体自编舞（3～7人，3～3.5分钟，自配音乐）。它是一项结合了个人绳花样、长绳花样的娱乐表演项目，集体自编舞中必须包含个人绳、交互绳、车轮跳、长绳、旅行跳（套人）5种规定元素内容，集体自编舞是一项具有极高观赏性、表演性、娱乐性、竞技性的运动项目，深受大家的喜爱。

图1-11　集体自编舞

第三节　跳绳的好处与特色

一、跳绳的好处

1. 项目安全性高

跳绳是一项有着较高安全性的运动项目。相较于对抗性很强的运动项目来说，跳绳没有直接的身体对抗，即使跳绳失误或停顿，也较少有坠落、跌倒、冲突等重大危险。在跳绳时，练习者还可以根据自己的身体状况、体力及技术来自由调节跳绳的强度和运动量，因此，跳绳项目在安全方面具有一定的掌控度。

2. 普及覆盖面广

花样跳绳在发达的国家和地区也十分受重视，被欧美一些医学专家称为"最完美的健康运动"。2018年4月，国际跳绳联盟（FISAC-IRSF）和世界跳绳联盟（WJR）合并成为国际跳绳联合会（IJRU），成为第10个获得国际单项体育联合会观察员资格的国际性组织。许多国家把跳绳运动的发展纳入本国体育运动发展计划，而且都有正式的比赛来推动跳绳运动的发展。尤其是美国、日本、韩国发展相当繁荣，美国跳绳运动可以欣赏到一种难度的刺激震撼之美，日本跳绳可以让你感受到一种编排的创新奇特，韩国的跳绳

轻松明快，带有一种时尚感。

跳绳运动男女老少皆宜，难度有难有易，不同年龄段人群都可以学习，不同时间、空间条件下都可以进行跳绳运动，是一种非常简便易行的运动项目。

3. 参与趣味性强

跳绳运动有个人花样和多人花样，还包括车轮花样，长绳、交互绳等花样跳法，比赛形式也多种多样，跳绳运动项目中既有彰显个人英雄主义的项目，也有突出团队精神的配合项目，参与其中，能够感受到很大的乐趣。

4. 娱乐观赏性强

现代跳绳在不断演绎和创新中得到了发展，现今的跳绳运动，改变了传统跳绳的枯燥乏味，融合了街舞、舞蹈、健身操等，注入了时尚元素，让这项运动更加具有吸引力。

图1-12　长绳跳绳表演

图1-13　交互绳表演

5. 民族特色鲜明

跳绳的形成，是特定历史条件下的产物，跳绳的发展不仅仅是一种自然行为的结果，还是人们在其社会生活中的一种行为技艺的凝练，是民族文化在体育表现形态中的必然结晶，具有鲜明的民族特色，如彝族的跳火绳，回族的花式跳绳等。

图1-14　跳火绳

图1-15　民运会表演

6. 健身效果显著

跳绳健身效果显著，对提高学生的耐力素质时间短、见效快，可充分利用跳绳练习方法的多样性和趣味性进行耐力的锻炼，增加肌肉的力量和耐力，减少脂肪，达到减肥健美的功效，增强协调性、节奏感、速度、力量、耐力、平衡力、爆发力和灵活性，有益于促进学生身体健康，因此跳绳也被称为"最完美的健康运动"。

花样跳绳的运动强度适中，一般情况下，学生每分钟能跳120～140次，理想的心跳速度为150次/分钟，则1个小时就可燃烧掉600～1000千卡的热量，跳绳10分钟的运动量相当于慢跑30分钟。花样跳绳加入了多种元素，不再是传统的"以跳为主"的运动，已经由单纯的上下发力为主的运动发展为综合技能的运动，适合培养其他运动的基础体能，如拳击运动员，他们一直把跳绳作为日常训练必不可少的一部分。

二、校园跳绳的特色

在校园体育教学中跳绳能发挥"一绳多用"的功能，并且可以有效解决学校场地资源不足等问题，课堂上跳绳的使用可以贯穿于课堂的始终，准备活动可以安排与绳子有关的绳操，基本部分作为素质练习可以增强学生体质；在课堂的结束部分可以安排与绳子有关的音乐舞蹈进行放松。"一绳多用"可在教学中充分体现，学生在课堂中不必变换多种器材，节省了上课时间，提升了上课效率，更提供了简便、易行、有效的教学内容，同时校园跳绳的开展有利于发挥跳绳在新时代学校教育中的独特作用，具有非常鲜明的特色。

图1-16　开学第一课

图1-17　校园大课间

1. 丰富课间活动，锻炼学生体质

跳绳运动能够改变身体形态，表现为减少体脂和增加骨量等。跳绳时会消耗大量的热量，减肥作用也是十分显著的，它可以结实全身肌肉，消除臀部和大腿上的多余脂肪，使你的形体不断健美，并能使动作敏捷、身体重心稳定。校园跳绳大课间可以有效促进学生运动量的改善。

2. 树立红色旗帜，培育优良品德

跳绳大课间可以有效进行队形变换，做到整齐划一，并且充分结合红色主题教育，培养学生优良品德。

3. 宣传校园形象，打造特色教育

跳绳运动对人的心理健康具有良好的促进作用，有利于形成特色教育，树立学校学生阳光活泼的形象。在学习过程中，通过跳绳大课间可以培养勇敢、果断、勇于克服困难的精神，不断提高学生的自信心和兴趣，而这种自信心和兴趣反过来又会促进学生进一步去练习，在体能增长的同时，可以很好地促进学生的心理健康。在群体性的跳绳中还可以培养学生的团结协作精神、集体主义观以及组织纪律性，这些对学生的心理发展都有很好的促进作用，很好地提升了校园整体风貌。

图1-18　跳绳塑形

第四节　校园跳绳发展现状与展望

众所周知，中国拥有很多优秀的传统体育运动项目，但与国际接轨的传统运动项目十分稀缺，除了传统武术太极入选青奥会外，其他优秀的传统体育运动项目尚未形成国际影响力，甚至面临失传，或者被他国借鉴创新发展。为确保中国优秀传统体育项目的传承和发展，构筑体育文化自信，并适应新时代运动发展需要，2022年4月教育部正式颁布了"新课标"，其中，花样跳绳作为新时代传统跳绳运动的创新发展，首次出现在新课标中，并且作为新兴类体育运动项目进行教学设计和推广，可见，跳绳运动的发展在如今兼具传统文化和时尚文化特色，它的这种属性也让跳绳成为青少年的一种新的运动热潮。

与此同时，教育部等部门更是频频强调将中国传统体育项目与学校体育课程进行融合，发展特色校园运动项目，培养储备竞技人才，在2020年9月21日，国家体育总局和教育部联合下发《关于深化体教融合　促进青少年健康发展的意见》（以下简称《意见》）。这是继2015年《中国足球改革发展总体方案》推出后，中央全面深化改革委员会再次聚焦我国体育事业发展，意义重大。

2022年4月，经过对《义务教育体育与健康课程标准（2011年版）》长达3年多的修订，《义务教育体育与健康课程标准（2022年版）》正式颁布，新课标聚焦发展学生核心素养和增进学生身心健康问题提出五点课程理念：①落实"健康第一"指导思想，促进学生健康成长与全面发展；②以"教会、勤练、常赛"为抓手，引导学生养成运动习惯；③改革教学内容和方式，提高学生的综合实践能力；④关注学生个体差异，保证每一位学生受益；⑤重视中华优秀传统体育，培养学生的民族精神和文化自信。

基于以上五点理念，新课标紧抓时代潮流，着眼体育发展形势，将一些中华传统体育类运动项目（武术类、民族民间传统体育类）和新兴类体育运动项目（生存探险类、时尚运动类项目）纳入中小学新课标实施体系，其中，花样跳绳作为中华民族民间传统体育项目跳绳运动的传承与创新项目，更是被纳入了时尚运动类项目，延展了传统意义上跳绳运动的内涵和发展趋势，突出了现代跳绳运动在中小学体育课程开展中的重要意义和研究价值。

与此同时，为适应新时代国家体育强国战略，扭转中国近年来青少年体质健康情况下降趋势，激发青少年体育学习兴趣，同时解决新形势疫情冲击下的青少年体育健康问题，发扬中华民族传统体育文化，各相关部门陆续出台了《国务院办公厅关于强化学校体育促进学生身心健康全面发展的意见》《健康中国行动（2019—2030年）》《体育强国建设纲要》《关于深化体教融合　促进青少年健康发展的意见》《中华人民共和国国民经济和社会发展第十四个五年规划和2035年远景目标纲要（草案）》《关于印发儿童青少年肥胖防控实施方案的通知》《义务教育体育与健康课程标准（2022年

版）》，就中国青少年儿童体质健康和体育学习兴趣问题提出了重
要指导意见。

一、青少年体质健康总体状况依然严峻

近年来，青少年体质与健康问题的话题频频引发社会关注，
2020年我国中小学生肥胖率超过了10%。另外，据国家卫健委数据
显示，2020年我国青少年总体近视率52.7%，其中小学生35.6%，初
中生71.1%，高中生80.5%。教育部调研发现，疫情防控期间由于观
看电子屏幕时间长、户外运动严重不足，我国中小学生近视率仅在
2020年1月至7月间就增加了11.7%。党中央及各级地方政府针对青少
年体质与健康问题出台了一系列政策指导，相继出台了《健康中国
行动（2019—2030年）》和《体育强国建设纲要》，青少年体质与
健康发展已经成为国家发展战略的关键一环。

2021年7月18日国务院印发《全民健身计划（2021—2025
年）》，这是继"健康中国"和"体育强国"后又一国家层面的全
民健康战略规划，是我国向实现第二个百年奋斗目标继续前进的有
关全民健身事业发展的重要顶层设计，其中，青少年体质与健康问
题仍然是国家关注的重点对象，计划中提出实施青少年体育活动促
进计划，开展针对青少年近视和肥胖等问题的体育运动干预，保障
学生每天校内、校外各1小时的体育活动时间。2021年7月24日，央
办携手国务院办公厅印发了《关于进一步减轻义务教育阶段学生作
业负担和校外培训负担的意见》（以下简称《意见》），并提出改
进方向，要求各地区各部门结合实际认真贯彻落实。《意见》指出
各中小学要科学利用课余时间，开展适宜的体育锻炼，提高课后服

务质量，开展丰富多彩的科学普及、文化体育、艺术活动、劳动教育、阅读活动兴趣小组及各类社团活动。另外，在2021年9月3日教育部召开的2021年教育金秋系列第五场新闻发布会上提倡中小学生到校后先进行20分钟左右身体活动，鼓励基础教育阶段学校每天开设1节体育课。可见，有效促进青少年体育活动，增强青少年体质问题备受关注。

二、加强体育学习兴趣是突破青少年体质健康困境的重要抓手

针对青少年体质健康问题的深层次问题，就是体育学习兴趣问题，从政府、学校、社会层面去促进青少年加强体育运动，增强体质健康，给予政策和社会支持倾向是自上而下的一种帮助性措施，还不能解决当前及我国未来青少年体质健康发展的核心限制问题，当前，青少年体质健康问题的关键核心是体育学习兴趣问题。

众所周知，当前我国学校体育领域一直存在三大严峻问题：一是学生的体质健康水平形势严峻；二是学生上了12年的义务体育课一项技能未掌握；三是学生不喜欢体育课从而不喜欢体育锻炼，近年来虽有好转，但未得到根本性扭转，虽然这种情况受到内外部因素影响，但内部因素起主导作用。兴趣是进行学校体育教学的关键，也是体育运动爱好和技能发展的关键要素，体育学习兴趣也就自然进入了众多研究学者的视野，尤其是小学体育学习兴趣化方面的研究频频出现。因此，如何提升青少年体育学习兴趣以及在校园中如何促进学生体育学习兴趣、如何选择适配性的体育运动项目，从而培养运动爱好、发展体育运动技能是当前需要关注的重点。

　　小学教育是青少年开始学校教育的启蒙阶段，也是体育教育和体育学习认知的引导发展阶段，处在儿童期（6～12岁）的小学生是个体身体素质发展的重要时期，其身体发展主要表现在身形生长、身体机能和身体素质等方面，这时候小学生的心理发展则主要表现在认知力和社会性发展方面；9～10岁的小学生的神经抑制能力、自我意识、社交活动能力更是发展突出，运动兴趣方面也开始出现了自主分化，此时儿童身心发展的主要任务是掌握学校体育教学系统知识，提高自身对身体健康的认识水平。此外，儿童身体素质的发展过程中，敏捷反应和柔韧等素质的发展较早，其次是力量和一般耐力，发展最晚的是速度和力量耐力。儿童的肺活量小、骨硬度低、塑造性强，这个时期的儿童注意力最不容易集中，而且很容易产生疲劳。所以，在选择体育运动项目时应避免高强度高难度的运动，尽量选择趣味性高、花样性多、难度可控、安全便利的运动项目，校园跳绳运动则能够很好地满足上述要求。

三、校园体育受到国家高度关注

1. 体育成为第三大主科

　　2022年教育部颁布的《义务教育体育与健康课程标准（2022年版）》提出"体育与健康"课占总课时比例10%～11%，体育正式超越英语，成为小、初阶段第三大主科。"新课标"同时要求体育课内容要重视将基本运动技能、体能、健康教育、专项运动技能以及跨学科主体学习进行有效融合，让学生真正掌握1～2项运动技能。其中，花样跳绳作为新兴体育运动项目首次纳入新课标体系内容中，进一步推动了校园花样跳绳的发展。

2. 跳绳成为中考体育的有力抓手

目前，北京、云南等各地陆续增加体育中考的升学比分，在全国150多个省、区、市的体育中考测试中都将跳绳作为测试项目之一。跳绳成为各地体育中考得以广泛开展并有效实施的重要抓手。其中，海南省在2022年首次将1分钟跳绳纳入体育中考选考项目，为海南省校园跳绳的发展揭开了新帷幕。

第二章
跳绳运动入门

　　如今的跳绳运动有着丰富的内涵，跳绳绳子的种类也十分繁多，随着跳绳运动不断在世界各地发展繁盛，有关跳绳的产业和产品以及跳绳运动本身产生了很大的变化，此时，如何认识新时代下的跳绳运动，选择适合自己的运动装备和做好运动前的准备显得愈发重要。

第一节　认识跳绳

在准备尝试跳绳之前，需要能够分辨跳绳的各个部分，目前市场上跳绳种类繁多，材质设计各有不同，但各部分的组成基本相同，以竹节绳为例，拿一根跳绳在手上，观察跳绳由哪些部分组成。

图2-1　跳绳的构造

一、跳绳的组成

跳绳由以下部分组成：

绳柄——跳绳两端顶部部分。

绳体——跳绳的中间部分，竹节绳绳体还包括绳珠和绳芯两部分。

连接卡扣——绳体与绳柄接触的部分，一般位于绳柄内侧。

二、跳绳的种类

目前，花样跳绳种类繁多，外形各式各样，功能各有不同，根据绳具的制作材料可以分为棉绳、塑料绳、珠节绳、钢丝绳等。另外，还有一些多功能跳绳，如计数跳绳、计时跳绳、卡路里跳绳、练习力量的加重跳绳等。在选择跳绳的同时还要注意器材的安全隐患。

1. 珠节绳

珠节绳是用多个直径为2.5～3.0毫米的塑料珠节串在一起组成的绳子，也叫"拍子绳"，优点是珠节绳外观绚丽，轻重适中，手感舒适，不容易卷曲，能胜任个人花样、车轮跳、交互绳等各类花样，绳子打地及珠节空隙与空气摩擦会产生声音，表演效果较好，是新手入门的最佳选择。

图2-2　珠节绳

2. 胶绳

胶绳是用含有PVC或TPU成分的塑料制成的，直径一般为3.0～5.0毫米，优点是绳子价格便宜，重量较轻，速度及花样都可胜任；缺点是当绳子速度较快时，绳体会变形拉长，并且容易卷曲。这类绳子常见于花样跳绳比赛中，也适合有一定基础的同学练习双摇以上花样。

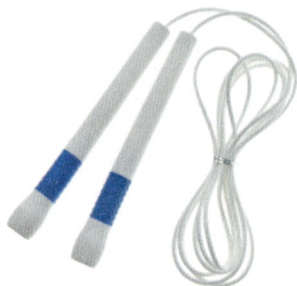

图2-3　胶绳

3. 钢丝绳

钢丝绳是专门用来跳速度的，里面是很多根缠在一起直径为0.6～0.8毫米的细钢丝，外面是一层很薄的塑料，防止训练失误时抽伤身体。钢丝绳的优点是绳柄上有一个特制的转轴，转动非常灵活，速度快，重量轻，世界跳绳速度类项目比赛中，大多数选手都会选用钢丝绳；缺点是不适合用于花样动作的练习。

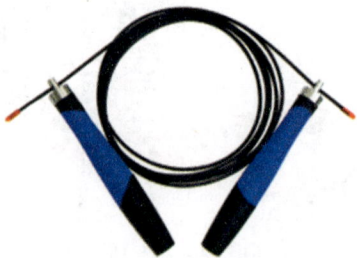

图2-4　钢丝绳

4. 棉绳

棉绳是使用最早、最广泛的绳具，它取材简便，价格便宜，外形普通，一般无绳柄，棉绳较易磨损，阻力较大。因此，用棉绳跳速度时较为笨重。一般常见于学校的初学者。

图2-5　棉绳

5. 智能跳绳

智能跳绳是一类连接有计数装置，且能与手机智能终端进行连接的一类跳绳器材，比较适合于白领健身人士，优点为外观漂亮，科技感强，数据可以云存储等，但是价格较为昂贵。

图2-6　智能跳绳

6. 半绳辅助练习跳绳

半绳辅助练习跳绳，只有两个绳柄及两段没有连接在一起的短绳，短绳顶端可以挂上不同重量的圆球，适合于空间、高度不够的室内练习，防止绳子缠住其他物体；练习者也可以通过半绳辅助练习跳绳，重点练习手臂摇绳动作。另外，它也是专业运动员的辅助练习器。

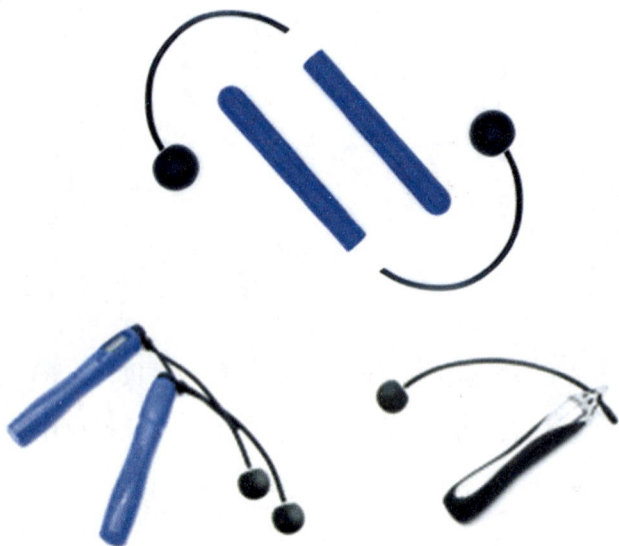

图2-7　半绳辅助练习跳绳

7. LED发光跳绳

LED发光跳绳一般在绳柄处装有两节3伏电池，约190克，绳体内芯为铜丝包裹的两层绝缘TPU，绳长280厘米，手柄长14.5厘米，绳体内有LED灯，打开开关，绳体发亮，特别炫酷，适合舞台表演或者晚上健身使用。

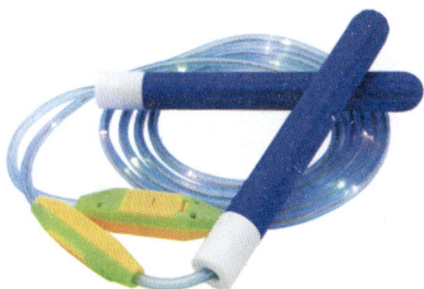

图2-8　发光绳

8. 光圈跳绳

光圈跳绳是一种结合了发光绳和智能跳绳的新型跳绳，配备有475毫安时锂电池，可用于移动充电，绳柄采用ABS轻量手柄，4毫米包芯绳体。跳绳健身时可实时进行速度提醒。适合居家健身及日常训练使用。

图2-9　光圈跳绳

第二节　跳绳的服饰和音乐

一、跳绳的服饰

1. 衣服的选择

跳绳时着运动服或轻便服装以及合适的鞋子，这样活动起来会使你感到轻松舒适，也不容易受伤。最好穿一些轻便舒适、透气性较好的运动服装；跳绳动作灵活多变，服装不能太过宽松。

初学者可以穿长裤及长袖服装，避免动作失误时绳子打到自己的身体。

头发过长时易缠到绳子，宜将头发扎起来。

女士练习跳绳时最好避免穿不利于运动的长裙。

2. 鞋子的选择

跳绳时要求鞋子质地柔软，具有一定弹性，可以达到很好的缓冲，休闲鞋、壁球鞋、跑步鞋都合适。牢记不可以穿高跟鞋。选择运动鞋时，尽量选用鞋底纹路设计较好的鞋子，以免经常挂绳，可以更好地保护身体免受损伤。

3. 注意事项

（1）一定要系好鞋带后再开始运动，避免鞋带松落造成的伤害。

（2）女孩注意不要穿裙子，裙子容易与跳绳产生接触，影响跳绳感受，穿着裙子不便于做一些体操动作。

二、跳绳的音乐

1. 音乐风格的选择

跳绳音乐风格要选择一些轻松愉快的歌曲，可以有效缓解疲劳，激发身体运动持续性。

2. 音乐节奏

如果喜欢听音乐跳绳，建议选用一些节奏感较强的音乐，如现代舞音乐、摇滚乐、街舞音乐或健美操音乐。不管选择哪种音乐，能跟着音乐的节拍跳绳才是最重要的，跳绳是一项节奏感很强的运动，音乐可以使跳绳更具有韵律性和艺术性。

初学者可以选用每分钟100～120拍的音乐；中等水平的跳绳者，可以选用每分钟120～140拍的音乐；高水平跳绳者可以选用每分钟140～160拍的音乐，如果你足够优秀，也可以选用每分钟160～180拍的音乐。

不同阶段的跳绳者最好选用能随之跳跃的音乐，既不能过快也不能过慢，音乐速度频率要适中，能让你跟随音乐"与绳共舞"。

第三节　跳绳训练前的准备

跳绳是一项对场地和器材要求不高的项目，具有极高锻炼价值，科学有效的跳绳训练可有效提高学生身体的协调性、灵敏性、速度、力量和耐力等。跳绳也是国家学生体质健康测试中的一项必测项目，而且小学阶段的学生必须参与跳绳测试，跳绳也是各地中考体育的测试项目之一，可见跳绳在体质测试中的重要性。因此，如何有效提升跳绳效果和成绩，进行科学训练，是一个很值得关注研究的问题。

首先，科学地跳绳训练之前要选择一根适合自己的跳绳，主要注意以下几点。

一、跳绳材质样式的选择

跳绳的材质在市面上琳琅满目，有胶绳、珠节绳、麻绳和钢丝绳等，跳绳材质选择时，一是关注跳绳的用料，有的是环保材料制作的跳绳，有的是非环保材料制作的跳绳，后者会影响人体健康；二是跳绳的重量，有的过重，有的过轻，过轻过重都会影响跳绳成绩。初学者一般建议采用健康称手的珠节绳进行训练，因为珠节绳重量适中，摇绳具有整体感，不会像棉绳那样软沉，也不会像钢丝绳、胶绳那样过轻难以控制，很适合用于初期训练摇绳姿势的定型。

二、跳绳长度调节

跳绳的长度问题，影响跳绳者的摇绳发力，也是整个跳绳技术动作能否正常发挥的关键，直接决定学生跳绳的成绩。合适的跳绳长绳可以减少训练者卡绳的机会，在进行跳绳长度的调节时，正确量绳的方法是以学生双摇持绳柄，用双脚踩到绳子的中间，双手持绳将绳柄拉直，绳柄的位置大约在胸口处即可。

图2-10　调节绳长

三、安全注意事项

对于任何运动来说，安全都是最重要的。跳绳运动需要注意的安全事项如下。

（1）国际跳绳联盟（FISAC-IRSF）建议7岁以上、70岁以下的人群参加跳绳运动，初学者在进行运动前应先进行体质测试，以确定你适合做此项运动，特别是老人及小孩或者曾经受过伤或有病史的初学者。

（2）跳绳前要做好充分的准备活动，尤其是相关的部位，如肩膀、手臂、手腕、脚踝，避免扭伤、挫伤。准备活动不充分，动作僵硬、不协调，易造成损伤。开始跳绳后，速度由慢到快、循序渐进。

（3）多人跳绳时需要留意与人之间的距离，以免被他人的绳子打伤。

（4）不能穿高跟鞋或拖鞋跳绳。跳绳者应穿质地软、重量轻的高帮鞋，避免脚踝受伤；口袋里不要带有尖锐的物品。

（5）跳绳时不宜脚后跟着地。起跳和落地是前脚掌的"任务"，因为脚后跟着地，时间长了会产生很多隐患，大脑、脚踝和脊柱都有可能受到不同程度的损伤。同时，膝盖应微微弯曲，缓和膝盖、脚踝与地面接触时的冲撞。

（6）选择软硬适中的草坪、木质地板和泥土地的场地较好，切莫在硬性水泥地上跳绳，以免损伤关节，并易引起头昏。地面一定要平坦，最好铺上地毯或软垫。不宜在松动的土地上练习，否则，绳摩擦地面会扬起很多尘土，污染呼吸道，对眼睛也不好。跳绳的时间一般不受限制，不过要避开饭前和饭后半小时之内。

（7）肥胖人群宜采用双脚同时起落的方式跳绳。跳起高度不要太高，以免关节因过于负重而受伤。

第三章

跳绳基本技术及训练方法

跳绳基本技术的掌握和训练决定了运动技能的增长水平，本章主要介绍跳绳基本技术有哪些，如何进行这些技术训练，获得更好的锻炼效果以及竞技成绩，以及有哪些训练方法。

第一节　跳绳基本技术

跳绳的基本技术就是跳，常见的跳绳基本技术形式就是并脚跳、轮换跳和双摇跳，本节主要介绍跳绳运动的几种基本技术。

一、并脚跳

并脚跳是跳绳运动中最基础的动作，也称并步跳，想要了解跳绳运动的丰富世界，并脚跳是基础。

图3-1　并脚跳

1. 动作方法

并脚跳即基本跳，跳绳姿势标准为上身直立稍前倾，重心压在前脚掌上，双脚并拢前后错开，双眼平视前方，上臂微曲，双手握住绳柄至腰间两侧，掌心向前；跳跃时脚踝发力，落地屈膝缓冲，摇绳时双手协同用力，由小臂带动手腕绕圈。

重点：手臂微曲，掌心向前。

难点：摇绳速度与跳绳节奏的协调配合。

2. 常见错误及纠正方法

常见错误一：双腿后屈

图3-2　双腿后屈

产生原因：由于不清楚动作的过程，学生经常用力过猛，跳得太高或者双腿后屈。

纠正方法：通过不带绳的练习，让学生在旁边轻跳几下，并且教师可以带着学生一起跳绳，感受一下轻轻跳起的感觉。

常见错误二：双手打开幅度太大

图3-3　双手打开幅度太大

产生原因：摇绳时用大臂摇绳。

纠正方法：摇绳主要靠前臂和手腕配合用力，可采用固定大臂的练习方法，如用肘关节夹纸练习等。

3. 教学建议

强调手的动作，不要急于让学生跳，先练习原地不跳的摇绳练习，使手臂带动手腕，基本成型时，可以过渡到摇起绳子双脚踩住的方法，确保绳子摇正了，再进行起跳。

二、轮换跳

轮换跳是专业跳绳比赛中竞速跳绳的标准跳法，它也是能达到极速跳绳的基本跳法，想要跳得快，首先要把轮换跳做标准。

图3-4　轮换跳

1. 动作方法

摇绳动作与并脚跳相同，身体姿态也相同；两脚一上一下交替落地，像踏步一般，每次落地，过绳一次。

重点：膝盖带动小腿上抬。

难点：两脚落地的节奏相同。

2. 常见错误及纠正方法

常见错误：上抬变成后屈。

图3-5　后屈腿

产生原因：膝盖没有上提。

纠正方法：不带绳让学生体验上抬与后屈的区别，通过高抬腿练习，可以解决此问题。

3. 教学建议

可以采用单脚跳的方法，先每次一只脚跳6个再换脚，逐步减少跳的次数。

三、双摇跳

双摇跳是多摇花样跳的基础，掌握正确的双摇（双飞）动作，能够帮助我们加强身体素质，学好跳绳。

图3-6　双摇跳

1. 动作方法

上体保持直立，双眼目视前方，手臂贴住身体，双脚微并，自然站立。双手手臂微曲靠近髋关节掌心冲向斜前方，绳柄平行于地面，注意手腕发力。双手同时摇绳，控制好节奏，掌握起跳时机。起跳时踝关节发力，跳跃过程中两腿伸直，落地时膝关节微屈。

重点：脚掌向上发力。

难点：两脚落地后的起跳节奏。

2. 常见错误及纠正方法

常见错误一：摇绳较慢

产生原因：跳绳时手不主动发力，导致摇绳较慢跳不过去。

纠正方法：徒手动作练习，原地练习手部摇绳，可以解决此问题。

3. 教学建议

可以采用单手摇绳跳的方法，单手持双柄姿势准备，用力向上

跳起尽快摇绳，摇的圈数越多越好。

常见错误二：双手幅度过大

产生原因：在跳跃过程中，两手臂发力下意识借助手臂摆动向两侧张开，前后摆动幅度过大，同并脚跳错误。

纠正方法：握绳进行摇跳练习，强化摇绳动作，肘关节贴于两肋部，主动发力，可以解决此问题。

3. 教学建议

可以采用单手腋下夹纸片摇绳跳的方法，进行动作定型。

第二节　跳绳技术训练方法

　　跳绳技术训练具有很大的技巧性，了解跳绳技术训练方法可以很好地帮助人们学会跳绳，正确的跳绳技术训练方法更是可以使跳绳运动学习的效果事半功倍，本节主要介绍跳绳技术训练的关键方法。

一、摇绳训练方法

　　摇绳是跳绳技术中非常重要的环节，摇绳的好坏与控绳质量的高低直接影响着跳绳的成绩，摇绳技术动作主要是圆周性运动，因此，摇绳弧度越小越快，则稳定性越好。

1.正确的摇绳方法

　　明确摇跳顺序，先摇后跳，根据摇绳于臂关节的运动规律，摇绳者应采用手腕发力摇绳的方式。避免出现两手臂向外打开过大、摇绳手臂抬起过高等问题。

2.训练方法

　　训练方法1：对着镜子进行练习，可直观地看到自己的问题所在，目的是让自己看到摇绳时双手的位置。

图3-7　对镜练习

训练方法2：大臂内侧夹报纸或其他软性物品进行跳绳练习，目的是训练摇绳者手臂内收姿势定型。

图3-8　夹物练习

训练方法3：伙伴协助摇绳训练，2名学生站立同一个方向，1名学生左手持绳，1名学生右手持绳，保持适当距离进行专门性摇绳练习，也可多名学生围成一圈或站成一排，相隔固定距离同时进行摇绳练习，目的是提高摇绳的稳定性和控绳能力。

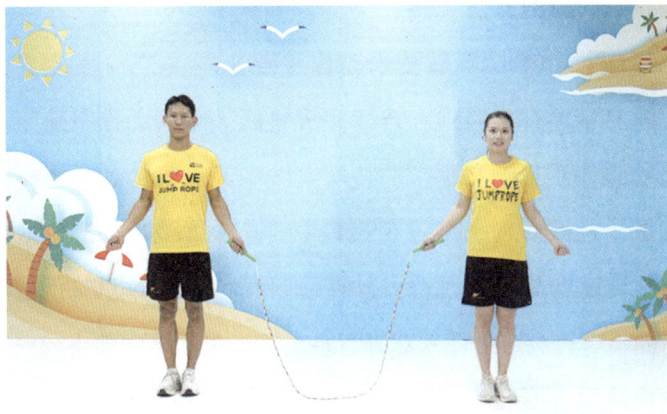

图3-9　协助摇绳练习

训练方法4：单手持双手柄摇绳，两手各持一根绳子双柄进行同步摇绳练习。

图3-10　双侧甩绳练习

二、跳绳训练方法

1. 正确的跳绳方法

在跳绳过程中，下肢技术动作主要是踝关节与膝关节协调用力，起跳时用前脚掌着地，连续完成跳跃。跳绳动作正确与否影响着跳绳的整体质量。在平常的教学实践中经常见到各种各样的动作姿态问题。在跳绳时，要避免出现双脚全脚掌或后脚跟着地，这种动作会导致跳绳者因震动过大影响腰椎和颈椎，影响脑部的健康；起跳的高度不可过高或过低，双脚起跳时，脚尖不可向前踢或向后屈，避免造成跳绳者下肢弧度过大和下肢动作用力不顺的问题；关节僵硬，踝关节与膝关节不够放松，会造成下肢在跳绳时缓冲不足。

2. 训练方法

训练方法1：踮脚提踵练习，双脚踮脚向上踮起，采用前脚掌支撑，脚跟向上顶起再缓慢落下，充分体验前脚掌发力。

图3-11　提踵练习

训练方法2：起跳高度控制练习，起跳时脚尖离地3～5厘米高度为宜；跳绳时，可采用小栏架或绳子拉直，距离地面3～5厘米高度固定横杆或绳子两端，跳绳者脚面位于横杆或绳子下面，进行无绳跳跃。

图3-12　起跳控制练习

训练方法3：节拍器卡点训练，练习时踝关节与膝关节要有微屈弹动跳跃的节奏感和灵敏性。

图3-13　节拍器

三、专项辅助训练方法

1. 摇绳专项训练

训练方法1：摇绳球辅助训练，双手持摇绳半球，右脚向后半步支撑，背部挺直前倾看向脚前，成预备姿势，进行2分钟摇绳球耐力训练，训练3～5组。

图3-14 摇绳球训练

训练方法2：双摇训练，原地持绳准备，做双摇跳训练，进行1分钟双摇训练，训练3～5组。

2. 跳绳专项训练

训练方法1：原地高抬腿训练，原地站立准备，背部前倾看向脚前，小腹收紧，双手自然下落，掌心正对膝盖前侧3～5厘米，成预备姿势，进行1分钟高抬腿碰掌心训练，注意手掌位置保持不变，上半身保持稳定。

图3-15　原地高抬腿训练

　　训练方法2：撑墙高抬腿训练，原地站立准备，脚掌距离墙面30～50厘米画一圆圈或横线，双手撑墙面，与肩齐宽，上半身保持稳定，小腹收紧，在圆圈内或横线处做1分钟高抬腿训练。

图3-16　撑墙高抬腿训练

第四章

跳绳运动员训练

　　每一项运动的发展都离不开该项运动人群的发展，更离不开该项运动员人群的推动，跳绳运动也是如此，跳绳运动员本身的身体素质和各项机能发展决定着跳绳运动技术的发展高度，更快、更强运动员将不断丰富跳绳运动的技术水平，因此，跳绳运动员的训练至关重要，本章主要介绍跳绳运动员的体能和心理训练。

第一节　体能训练

　　身体素质是人作为个体基本的素质，更是运动员体能的综合展现，它已经成为人们生活健康发展的重要推动力。良好的身体素质可以使人保持旺盛的生活精力和高质量的生活，并且能够提高生活和工作效率，能够大大推动社会经济发展，跳绳运动作为一项需要全身肌肉参与和不断跳跃的运动，对身体素质也有着很高的要求。

一、力量素质及训练

　　力量素质是运动员所有身体素质的基础素质。绝大多数竞技运动项目的运动员只有具备很好的力量素质，才可能获得优异的运动成绩。

（一）力量素质的分类

　　力量素质分类如下：按照力量素质与运动专项的关系，可分为一般力量与专项力量；按照力量素质与运动员体重的关系，可分为绝对力量和相对力量；按照完成不同体育活动所需力量素质的不同特点，可分为最大力量、快速力量和力量耐力。

1. **最大力量及其发展影响因素**

最大力量指人体或某部分用最大力量克服阻力的能力。主要表现为肌肉收缩强度及神经兴奋强度较大。增长最大力量多采用附加重量的方法，影响总负荷的因素有负荷重量、练习重复次数及组数等，即总负荷=（负荷重量×次数）×组数。大负荷强度训练对人体刺激强度大，能很快提高最大力量。投掷等项目的运动成绩，在很大程度上取决于运动员的最大力量。衡量最大力量，并不考虑体重因素。所以，投掷运动员一般表现为各部位肌肉横断面大、体重大，肌肉力量也大。

2. **快速力量及其发展影响因素**

快速力量指人体在做快速动作时用力的能力，是力量和速度综合素质的表现，典型的表现形式是爆发力，即在最短时间内发出最大力量。表现为肌肉收缩强度大，收缩与放松交替时间短。爆发力一般采用速度力量指标表示，可表示为 $I=\dfrac{F}{t}$，其中，I 是速度力量指数，F 是肌肉收缩的力量，t 是收缩所用的时间。发展速度力量主要是提高肌肉用力能力和肌肉收缩度。肌肉用力能力是速度力量的基础。从力量与速度变化关系分析，速度力量有两种表现形式：增加力量和加快速度。

3. **力量耐力及其发展影响因素**

力量耐力指人体在克服一定外部阻力时，坚持尽可能长时间或重复尽可能多次数的力。表现特征为克服外部阻力时，不仅肌肉收缩强度大，收缩与放松交替时间短，而且持续时间较长，或在整个动作和运动中连续重复出现。发展力量耐力，一般采用负荷重量较小、重复次数多的练习方法，以使肌肉长时间持续收缩到最大限度。次数超过需要时，应增加负荷重量。

（二）发展最大力量的训练途径和训练方法

1. 发展最大力量的训练途径

（1）加大肌肉横断面。

（2）增加肌肉中磷酸肌酸（CP）的储备量，以加快工作中ATP的合成速度。

（3）提高肌肉间及肌纤维之间的协调性。

（4）改进和完善运动技巧。

2. 发展最大力量的训练方法

（1）重复练习法。负荷强度为75%～90%，每项训练中完成的组数为6～8组，每组重复3～6次，组间间歇3分钟。

（2）静力练习法。负荷强度为90%以上，每次持续时间为3～6分钟，练习4次，每次间歇时间为3～4分钟。

（三）发展快速力量的训练途径和方法

1. 发展快速力量的训练途径

（1）提高最大力量。

（2）缩短最大力量所需的时间。

2. 发展快速力量的训练方法

（1）先加后减负荷练习。先增加负荷的质量，使之超过比赛时需克服的阻力，当机体基本适应后，再减少负荷至正常水平，这样可有效地提高运动员在标准阻力下完成动作的速度。

（2）减负荷练习，减轻外界阻力（负荷质量）或给予助力的练习。例如，投掷运动员常常采用的投轻绳具练习。快速力量训练的结果在很大程度上取决于中枢神经系统能保持的适宜兴奋度。因此，在训练中应避免出现疲劳，重复次数不宜过多，组间休息应保证机体基本获得恢复。

（四）发展力量耐力的训练途径和训练方法

1. 发展力量耐力的训练途径

发展力量耐力首先要根据专项特点认真分析，研究一下究竟需要什么样的力量耐力，进而选择训练方法，再确定训练负荷的基本要求。

2. 发展力量耐力的训练方法

（1）持续训练法。持续训练法是指负荷强度较低、负荷时间较长、无间断连续练习的训练方法。

（2）重复训练法。重复训练法是指多次重复同一练习，两次（组）练习之间安排相对充分休息的练习方法。

（3）间歇训练法。间歇训练法是指对多次练习时的间歇时间做出严格规定，使机体处于不完全恢复状态下，反复练习的训练方法。

（4）循环训练法。循环训练法是指根据训练的具体任务，将练习手段设置为若干个练习站，运动员按照既定顺序和路线，依次完成每站练习任务的训练方法。

（五）力量素质训练的注意事项

1. 注意不同肌群力量的对应发展

根据专项竞技的需要，在主要发展运动员大肌群和主要肌肉群力量的同时，要十分重视小肌肉群、远端肌肉群、深部肌肉群的力量训练。

2. 选择有效的训练手段

应根据完成训练任务的需要，正确地选择有效的训练手段，规范并明确正确的动作要求。例如，发展股四头肌力量，可选择负重半蹲起的练习，应要求运动员在练习时双脚平行或稍内扣站立，以求有效地发展股四头肌的力量。

3. 处理好负荷与恢复的关系

（1）在一个训练阶段中，负荷安排应大、中、小结合，循序渐进地提高负荷量度。

（2）在小周期训练中，应使各种不同性质的力量训练交替进行。例如，每周星期一、星期三、星期五可安排发展爆发力或者最大力量为主的训练。

（3）在每组重复练习中，注意组间的休息。一般而言，训练水平低的运动员组间休息要长些。

（4）力量训练后，要特别注意使肌肉放松。肌肉在力量训练后会产生酸胀感，肌肉酸胀是肌纤维增粗现象的反应，也是力量增长的必然。但应积极采取措施消除肌肉的酸胀感，以利于减少能量消耗，并更好地保持肌肉弹性。

4. 注意激发练习的兴趣

肌肉工作力量的大小与中枢神经系统发射的神经冲动的强度有着密切的关系。神经冲动的强度越大，肌纤维参与工作的数量越多，冲动越集中，运动单位工作的同步化程度越高，表现的力量也就越大。因此，在运动训练中应注意有意识地提高运动员练习的兴趣与积极性，以求提高力量训练的效果。爆发力训练对神经系统兴奋性要求更高。

5. 儿童少年力量训练应注意的事项

掌握儿童少年力量发育的趋势，以便科学地安排力量训练。8岁以后，男、女孩力量开始显露差别，男孩绝对力量自然增长的敏感期为11～13岁，而后绝对力量增长速度缓慢，到25岁左右最大；女孩为10～13岁，绝对力量增长速度很快，三年中总的绝对力量可提高46%，13～15岁绝对力量增长速度下降，15～16岁回升，16岁以后再度下降，到20岁左右基本上可以达到最大力量。在儿童少年时期，速度力量的发展比绝对力量发展得快一些并且早一些。7～13岁是速度力量发展的敏感期，13岁以后男孩增长得比女孩快。力量耐力的自然发展趋势较为稳定，男孩7～17岁基本处于直线上升趋势，女孩13岁以后增长速度缓慢，14～15岁甚至出现下降。儿童少年时期骨骼系统中软组织多，骨组织内的水分和有机物较多，无机盐少，骨骼弹性好不易折断但坚固性差，易弯曲，因此儿童少年时期不可大强度训练。在这个时期应多做发展力量耐力的训练，如小负荷训练，特别是克服自身体重的练习。例如，做俯卧撑、仰卧起坐、反复下蹲等练习，可使全身肌肉力量得到发展，增加肌肉中毛细血管和肌红蛋白的数量，改进输氧功能。儿童少年时期力量训练应以动力练习为主，少用或不用静力性练习，特别要尽量避免出现憋气动作，以免因胸膜腔内压的突然变化而影响心脏的正常发育。儿童力量训练不要过早强调与专项运动技术相结合，应着重身体全面发展的力量训练。

二、速度素质及训练

速度素质是指人在最短时间内移动一定距离的能力，是与动作

技能有关的基本体适能。极限跳绳运动需要快速移动的能力，而这种能力不仅体现在传接盘的速度上，而且体现在快速反应及动作速度上。比赛中，快速移动的能力往往是决定比赛胜负的关键，而瞬间的变化则取决于速度对抗上的胜负。速度素质根据其表现方式的不同，分为反应速度、动作速度和位移速度。

（一）速度素质的训练方法

1. 反应速度

（1）听信号加速跑。

慢跑中听信号后突然加速快跑10米，根据情况进行多组重复练习。

（2）小步跑、高抬腿跑接加速跑。

做原地或行进间的小步跑或高抬腿跑，听到信号后突然加速快跑10～20米，根据情况进行多组重复练习。

（3）俯撑起跑。

从俯撑开始，听信号后迅速收腿起跑10～20米，根据情况进行多组重复练习。

（4）转身起跑。

背对跑的方向站立，听信号后迅速转体180度，加速跑20米，根据情况进行多组重复练习。

（5）听口令起跑。

蹲踞式或站立式起跑20米，组数及每组次数根据学生水平而定。

（6）听（看）信号变速快跑。

在慢跑或其他移动中，听（看）信号后立刻快跑10～20米。

（7）突变反应练习。

练习者听信号做各种滑步、上步、交叉步、转身、急停、接球、上步垫球等练习。

（8）听信号做专门练习。

专门练习编号，听信号做不同的练习。

（9）接传不同方向的来球。

练习者依次接不同方向的来球，并传出。

2. 动作速度

（1）听口令、击掌或节拍器摆臂。

上体直立或稍前倾，两脚前后开立或弓箭步，根据口令击掌或按节拍器节奏，做快速前后摆臂练习20秒左右，节奏由慢到快，快慢结合，摆臂动作正确、有力。

（2）原地快速高抬腿或支撑高抬腿。

直立或前倾支撑肋木或墙壁等，听信号后做高抬腿10～30秒，大腿抬至水平，上体不后仰。

（3）快速小步跑。

小步跑15～30米，两腿频率越快越好。要求大腿发力，小腿放松，膝踝关节放松，脚落地后有扒地动作。

（4）快速小步跑接高抬腿跑。

快速小步跑5～10米后，转高抬腿跑20米。小步跑要放松而快，转高抬腿跑时频率不变，只是动作幅度加大。

（5）快速小步跑接加速跑。

快速小步跑10米左右后变为加速跑。

3. 位移速度

一般以快速跑作为典型的发展位移速度的练习方法，如50米跑。

（1）徒手练习摆臂，逐渐过渡到手持哑铃练习摆臂，动作由慢到快。

（2）手扶墙或栏杆，做单脚支撑蹲立练习。

（3）在室内或室外空地处做原地高抬腿跑练习，动作由慢到快。

（4）利用室外通道做小步跑、弓箭步走、弓箭步交换跳等动作的练习。

（5）利用室外空地做快慢结合的原地跳短绳练习。

总之，只要你想进行体育锻炼，总会有相应的办法，关键是要培养自己的锻炼习惯，克服惰性。采用上述的锻炼方法，持之以恒地坚持锻炼，可以发展自己的速度素质和力量素质，提高快速跑的能力。

（二）速度素质训练的注意事项

速度素质训练应在运动员兴奋性高、情绪饱满、运动欲望强的情况下进行，一般应安排在训练课的前半部分。

速度训练应结合运动员所从事的专项运动进行，如对短跑运动员的反应速度训练，应着重注意提高他们听觉的反应能力，对体操运动员应着重提高其皮肤感觉的反应能力，而对跳绳运动员则应着重提高其视觉反应能力。在对不同信号的反应中，触觉反应最快、听觉反应其次、视觉反应最慢。例如，18～25岁的男子对声音的反应需要0.14～0.31秒，对光的反应需要0.20～0.35秒，可是触觉反应仅需0.09～0.18秒。

少儿速度训练应掌握少儿速度自然发展趋势，以便科学地安排速度训练。6～12岁反应速度提高幅度较大，9～12岁提高得更为显著，12岁以后，由于进入发育阶段，反应速度提高减慢，到16岁时，由于内分泌系统等机能产生了质的飞跃，反应速度提高出现高峰，到20岁以后提高速度将慢下来。一般反应速度2～3岁为0.5～0.9秒，5～7岁为0.30～0.40秒，12～14岁为0.15～0.20秒。

从肘关节的最高动作频率看，4～17岁动作速度将从3.3次/10秒提高到3.7次/10秒，其中7～17岁频率自然增长。4～5岁的孩子动作角速度可以达到26.1～37.1度/秒，以后随着年龄的增长动作角速度也随之提高，13～14岁时动作角速度可能达到42.0～86.1度/秒，基本接近成年人的水平。

至于跑的速度（移动速度），7～12岁男、女孩跑的最高速度差别不大，到13岁以后，男孩逐渐超过女孩。男子在18岁以后跑的速度也有提高的趋势，而女子17岁以后跑速自然提高速率减缓。女孩14～16岁时由于青春期的关系，速度表现得很不稳定，有时可能低于14岁以前的速度。

由于移动速度具有多项素质综合利用的特点，移动速度的发展与力量、耐力等其他身体素质的发展有着密切的关系，因此，对少儿速度进行训练的同时，要充分重视其全面身体素质的训练。

值得注意的是速度提高到一定程度时，常常会出现进展停滞、难以提高的现象，称为"速度障碍"。产生速度障碍的客观原因是，技能动力定型的形成，即运动员技术动作的空间、时间特征都趋于稳定。出现速度障碍时，可采用牵引跑、变速跑、下坡跑、带领跑、顺风跑等手段予以克服。

三、耐力素质及训练

耐力素质是指人体长时间坚持活动的能力，是人体重要的基本素质之一。它包括一般耐力和专项耐力。极限跳绳运动不仅需要能够坚持长时间运动的一般耐力，而且需要在快速转换中保持一定的速度耐力，这一点与足球、篮球和橄榄球基本相似。

（一）一般耐力

一般耐力通常以能够长时间坚持人体活动为衡量标准。一般耐力训练以有氧耐力练习为主。在长时间的运动过程中，充足的氧气供应可以满足呼吸和循环系统的工作需要，可以使大脑皮层神经细胞在长时间的刺激下始终保持兴奋和抑制的协调状态，使神经和肌肉的能量消耗达到合理和节省化程度。

练习方法：

（1）以有氧运动练习为主，可先按规定的时间、距离和数量进行，然后逐渐增加，运动负荷始终保持中等强度——最大心率的65%～85%，公式为（220–实际年龄）×（65%～85%）。

（2）长时间、小强度的匀速跑、越野跑、定距跑等练习手段。

（3）长时间、小强度的球类活动、游泳、爬山等练习手段。

（二）专项耐力

专项耐力是指不同运动项目所需要的某种专门性的耐力，通常指速度耐力、力量耐力和静力性耐力。极限跳绳运动所需要的专项耐力更多的是指速度耐力。研究表明，提高专项耐力需在一般耐力的基础上，采用增加练习强度和密度的方法，使这种耐力锻炼超过原来的耐力水平，并逐步接近极限负荷。

练习方法：

（1）规定练习距离、时间和重复次数，采取变速跑、重复跑、间隔跑等练习。

（2）看教练员的手势向不同方向移动。

（3）多组的追盘跑练习。

（三）耐力素质训练注意事项

1. 耐力训练前的饮食

运动训练之前最好提前一小时进食。训练与饮食的间隔不能少于30分钟，否则会在运动中增加肠胃负担，身体将产生不适感。运动前的食物要求是浓缩体积小、易于消化，不要吃一些含纤维多的不易消化的粗杂粮以及易产气的食物。根据能量供应的原理，耐力素质训练前可以适当增加蛋白质与脂肪的摄入量，严禁不吃早餐就进行耐力训练，这样很容易造成低血糖，出现伤害事故。

2. 耐力训练前的准备活动应当重视

耐力训练前的准备活动最少应持续20分钟以上。主要以慢跑为主，以及一些比较轻松的游戏及全身运动，不要做比较剧烈的对抗性游戏。主要目标是提高体温，逐步提高内脏功能的稳定性，提高植物性神经系统的兴奋性、降低其"惰性"。

3. 耐力训练应当注意选择正确的运动姿势和呼吸方式

耐力训练目前还是主要以较长距离跑为主。跑的动作要求大腿前摆较低，身体腾空低，步长较小，但步频要快；脚着地时应采用滚动着地，重心起伏小，平稳推进；双臂的摆弧较小，不超过身体中心线，高度一般不超过肩部。耐力训练中正确的呼吸方式，对跑步能力起着决定性的作用。呼吸适宜的深度约为个人肺活量的1/3，只要呼吸肌工作即可。为了得到必要的通气量，必须用半张的嘴和鼻子同时呼吸，呼吸的节奏以个人的习惯和跑速而定。一般呼吸的节奏有以下几种。

（1）二步吸气和二步呼气，四步一个呼吸周期。

（2）一步半吸气和一步半呼气或二步吸气和一步呼气，三步一个呼吸周期。

（3）一步一吸气、一步一呼气，二步一个呼吸周期。

4. 注意训练中合理安排适宜的运动负荷，学会用脉搏来控制负荷量

因为在负荷心率、需氧量之间存在线性关系，心率可以作为各种训练手段对机体评价的可靠指标。一般而言，达到最大需氧量心率180次/分的跑速叫作临界速度，低于这个速度称为临界下速度，高于它则称为临界上速度。心率在150次/分以下的跑是在有氧供能下进行的，心率在160~180次/分的跑是有氧与无氧供能混合下进行的，心率在180次/分以上为无氧供能。心率在160次/分、180次/分的临界点练习是组合性的，对发展耐力影响很大。

5. 注意练习手段的渐进性、多样性和趣味性

练习手段的渐进性一般是先以健身走过渡到健身跑，以有氧耐力过渡到有氧和无氧混合代谢训练。练习手段上先以单人练习徒手或持绳具过渡到双人或多人组合性练习，再到多人的抗性练习。训练方法上也主要是低强度的持续性练习，如先匀速跑再变速跑。最后是强度较大的不完全休息间歇训练。在变速跑、间歇跑、重复跑过程中距离也应该由短到长，组间间隔时间应由长到短。

6. 提高意志品质

耐力素质的训练需要一定的负荷量，它是在克服机体疲劳的情况下所表现出来的一种能力，如果不能克服意志上的障碍、吃苦耐劳、坚持到底、顽强拼搏，就很难从心理上接受耐力素质的发展。因此，需要不断挖掘心理潜力，提高意志品质，并不断通过自我暗示、自我激励以产生或增强克服困难的内驱力。

四、灵敏素质及训练

灵敏素质是一种综合素质，良好的灵敏性有助于更快、更多、更准确地掌握技术和练习手段，使已有的身体素质更充分地运用到实践中去，还可以防止伤害事故的发生。极限跳绳运动要求的灵敏素质主要表现为起动迅速、转向迅速以及跳起接盘后维持身体平衡的能力等。急停、急转、快速摆脱对手是极限跳绳运动战术的需要，也是优秀运动员个人能力的表现；根据场上的情况以及防守者的站位来快速变换出手方向，熟练改变不同的掷盘技巧，并能够维持身体平衡也是需要的；快速移动中的接盘更需要准确的判断、合理的手法以及稳定的动作。

（一）灵敏素质练习的主要手段

（1）在跑、跳中做迅速改变方向的各种跑、躲闪、突然起动，以及各种快速急停和迅速转体练习等。

（2）做各种调整身体方位的练习。

（3）做专门设计的各种复杂多变的练习，如用"之字跑""躲闪跑""穿梭跑""立卧撑"四项组成的综合性练习。

（4）以非常规姿势完成的练习，如侧向或倒退跳远、跳深等。

（5）限制完成动作的空间练习，如在缩小的球类运动场地练习。

（6）改变完成动作的速度或速率的练习，如变换动作频率或逐步增加动作的频率。

（7）做各种变换方向的追逐性游戏和对各种信号做出应答反应的游戏等。

（二）灵敏素质练习的途径

发展灵敏素质是运动训练的重要组成部分之一，是提高运动能力的一个非常重要的方面。在发展灵敏素质过程中，应该注意提高力量、速度、耐力、柔韧素质等，这是发展灵敏素质的基础。竞技体操、武术、滑冰、滑雪、各种球类运动等项目是发展灵敏素质的有效项目。在专项练习复杂化的条件下反复练习与专项运动性质相似的动作，是发展专项灵敏素质的有效途径。发展灵敏素质的途径主要包括徒手练习、绳具练习、组合练习和游戏等。

1. 徒手练习（包括单人练习和双人练习两类）

（1）单人练习，主要有弓箭步转体、立卧撑跳转体、前后滑跳、屈体跳、腾空飞脚、跳起转体、快速后退跑、快速折回跑等练习。

（2）双人练习，主要有躲闪摸肩、手触膝、过人、模仿跑、撞拐、巧用力等双人练习。

2. 绳具练习（包括单人练习和双人练习两类）

（1）单人练习，主要包括各种形式的个人运球、传球、顶球、颠球、托球等多种练习，单杠悬垂摆动、双杠转体跳下、挂撑前滚翻、翻越肋木、钻栏架、钻山羊，以及各种球类运动、技巧运动、体操运动的专项技术动作的个人练习等。

（2）双人练习，主要包括各种形式的传接球、运球中抢球、双杠端支撑跳下、换位追逐、肋木穿越追逐等双人练习。

3. 组合练习（包括两个动作组合、三个动作组合和多个动作组合的练习）

（1）两个动作组合练习，主要有交叉步—后退跑、后踢腿跑—圆圈跑、倒手翻—前滚翻、转体俯卧—膝触胸、变换跳转髋—交叉步跑、立卧撑—原地高抬腿跑等。

（2）三个动作组合练习，主要有交叉步侧跨步—滑步—障碍跑、旋风脚—侧手翻—前滚翻、弹腿—腾空飞脚—鱼跃前滚翻、滑跳—交叉步跑—转身滑步跑等练习。

（3）多个动作组合练习，主要有倒立前滚翻—单肩后滚翻—侧滚—跪跳起、跨栏—钻栏—跳栏—滚翻、摆腿—后退跑—鱼跃前滚翻—立卧撑等练习。

4. 游戏

发展灵敏素质的游戏具有综合性、趣味性、竞争性的特点，能引起练习者的极大兴趣，使人全力以赴地投入活动，既能集中注意力，巧妙对付复杂多变的活动场面，又能锻炼提高神经系统的灵活性和反应速度，有效地提高身体素质和运动技能。发展灵敏素质的游戏很多，主要包括各种应答性游戏、追逐性游戏和集体游戏等。

（三）灵敏素质训练的注意事项

1. 练习方法、手段应多样化并经常改变

人体一旦对某一动作技能熟练到自动化程度时，再用该动作去发展灵敏素质的意义就不大，因此发展灵敏素质练习的方法应是多种多样的，并且要经常改变。这样不仅可以使人掌握多种多样的运动技能，还可以提高人体内各种分析器的功能，在运动中能够表现出时空三维立体中的准确定向定时能力，还能表现出动作准确、变换迅速的能力。

2. 掌握本专项一定数量的基本动作

运动技能本质是条件反射，这种在大脑皮层中建立的条件反射暂时联系的数量越多，临场时及时变换动作的暂时联系的接通就越迅速准确，在已掌握的运动技能的基础上，可以快速形成新的应答性动作来应付突然发生的情况。因此，应尽量多掌握一些基本的动作、基本技术及战术等，这有利于提高灵敏素质。灵敏素质是人体综合能力的表现，发展灵敏素质还必须从培养人的各种能力入手，在练习中广泛采用发展其他身体素质的方法来发展灵敏素质，并培养掌握动作的能力、反应能力、平衡能力等。

3. 抓住发展灵敏素质的最佳时期

灵敏素质是在中枢神经系统的指挥下，各种能力的综合表现。儿童少年的神经系统是人体发育最早、最快的系统，他们具有较好的反应能力，在动作速度、平衡能力、节奏感等方面具有很大的发展潜力，这些都为发展灵敏素质提供了有利的条件，因此应抓紧这一时期进行灵敏素质练习。

4. 进行灵敏素质练习时应注意消除练习者的紧张心理

在灵敏素质练习时，教练员应采用各种有效的方法与手段，消除练习者紧张心理和恐惧心理。因为人在心理紧张时，肌肉等运动器官也必然紧张，会使反应迟钝、动作的协调性下降，影响练习的效果。

另外，特别要注意的是在灵敏素质的练习过程中应有足够的间歇时间，以保证ATP能量物质的合成。但休息时间又不可过长，休息时间过长会使中枢神经系统的兴奋性大幅度下降，在下次练习中就会减弱对运动器官的指挥能力，使动作协调性下降、速度减慢、反应迟钝，这必然影响练习的效果。一般地讲，练习时间和休息时间可控制在1∶3的比例。

第二节　心理训练

运动员的心理能力与其体能及技战术能力有着非常密切的关系，它们是相互依存、相互制约、相互促进和相辅相成的。良好的个性品质和必要的心理技能可以有效地促进运动员进行体能训练和提高技战术水平，同时也是运动员在比赛中正常或者超常发挥的前提和保证。在竞技体育高度发展的今天，由于新技术革命的兴起和社会文明在各个领域的飞速发展，通信技术和信息交流的现代化及国际体育竞赛的频繁交流，使运动员在体能、技术和战术训练方面的差距日益缩小，竞争日趋激烈，比赛胜负常常取决于临场发挥的心理稳定性。现在的运动训练、竞赛的实践和科学研究还表明，运动员在消耗巨大身体能量的同时，要付出巨大的心理能量，运动竞赛不单纯是运动员体能、技能和战术运用的竞争，同时也是心理能力和心态情绪的较量。

一、心理训练方法

在跳绳竞赛中，运动员要想取得较好的成绩，仅仅依靠良好的身体素质和技战术能力是不行的。从哲学角度看，一切事物都是内、外因共同作用的结果，内因是事物变化的根据，外因是事物变化的条件，外因通过内因起作用。对于运动员来说，内因是自身所具备的顽强的毅力、必胜的信念等。调查显示，在每年的国内外体育竞赛中，心理技能准备不足导致失败的占70%左右。因此，教练员应重视运动员心理技能的训练，分析每个运动员的个性心理特征，采取行之有效的训练方法提高运动员心理技能。

（一）注意控制训练

注意是指人的心理活动对一定对象的指向和集中。注意是成功地完成技能动作和体验竞赛乐趣的另一个至关重要的心理技能。

比赛心理定向（Mental Set in Competition）是指运动员赛前和赛中的注意焦点。比赛心理定向或注意指向对运动员的参赛心理至关重要。心理定向决定运动员的参赛状态。比赛心理定向或注意指向应坚持三个原则。

第一个原则是过程定向，即比赛时将注意的方向定位在比赛过程要素而不是比赛最终结果的认知倾向。这里，比赛过程要素主要指与比赛表现直接关系的且自己可以控制的要素，例如，比赛之前的器材维护、饮食调节、休息、练习，以及比赛中的技术、战术、体能分配等。比赛最终结果主要指比赛名次、比赛成绩、与他人相比的差距等。心理定向（Mental Set）决定运动员的参赛状态。积极的心理定向是将注意放在比赛过程要素上、放在当前任务上、放在自我控制上、放在技战术上。积极的心理定向会成为运动员努力奋发和平衡心态的动力来源。消极的心理定向则是将注意放在比赛结果上、放在与他人的比较上。消极的心理定向会成为运动员的额外负担，影响技术水平的发挥，进而使比赛不能达到预期目标，产生不好的结果。

第二个原则是当前定向，即比赛时将注意的方向定位在当前任务而不是过去的结局和将来的结果的认识倾向。运动员参赛过程往往是一个分阶段且持续时间较长的过程。前一轮的结果往往会对运动员后一轮的表现产生重要影响。因此，在比赛过程中不断进行心理调节、树立正确的心理定式，成为运动员保持优势或反败为胜的重要保证。当前定向的原则要求运动员在不断进行心理调整的过程中，确立和保持从零开始的心理定向，将注意力集中在立刻需要加以完成的具体任务上，既不过多纠缠在已发生的事情上（无论是积极事件还是消极事件），也不过多缠绕在将要取得的成绩上。

第三个原则是主位定向，即比赛时将注意的方向指向自己的思维和行为，而不是天气、裁判、比赛规则等难以控制的认识倾向。主位定向的原则要求运动员将注意力集中在可以控制的因素上，而可以控制的因素主要是运动员自身的一些因素，如自己将要采取的技术、战术手段、体力分配策略、思维和表象的内容，以及与教练员的沟通等。同时，采取一些必要的措施，回避和排除与自己、与比赛过程无关的信息。

在注意控制训练中，教练员应帮助运动员根据以上三个原则，逐渐培养过程定向、当前定向和主位定向的注意指向习惯。语音是思维的工具，人们的思维活动一般都是通过语音进行的自我暗示训练，是利用言语等刺激物对人的心理施加影响，并进而控制思维和行为的过程。运动心理学的研究表明，自我暗示能够提高动作的稳定性和成功率。通过自我暗示训练达到思维控制，有以下6个步骤。

（1）使运动员理解认识及其表现方式——语音对情感和行为的决定作用。

（2）确定训练比赛中经常出现的消极想法，如"这个动作我是学不会了"。

（3）确定如何认识这种消极想法。

（4）确定能够抵消这种消极想法的积极提示音，如"世上无难事，只怕有心人"。

（5）不断重复相应的对句，如"这下完了——还有机会，拼搏到底"。

（6）通过不断重复和定时检查，举一反三，在生活中养成对待困难的积极态度和良好习惯。

（二）情绪控制的方法与手段

1. 放松训练

放松训练是以暗示语集中注意力，调节呼吸，使肌肉得到充分放松，从而调节中枢神经系统兴奋性的过程。放松练习的主要作用有：第一，降低中枢神经系统的兴奋性；第二，降低由情绪紧张而产生的过多能量消耗，使身心得到适当休息并加速疲劳的消除；第三，为进行其他心理技能训练打下基础。学会肌肉放松是保持身心健康的有效手段。

典型的自生放松训练程序如下：舒适地坐在一张椅子上，胳膊和手放在椅子的扶手或自己的腿上，双腿和脚取舒适的姿势，脚尖略向外，闭上双眼；或者仰面躺下，头舒服地靠在枕头上，两臂微微弯曲，手心向下放在身体两旁，两腿放松，稍分开，脚尖略朝外，闭上双眼。根据以下指导语逐渐进入放松状态：想象自己躺在

一片绿色的草地上，软软的，绵绵的，阵阵清香扑面而来。

蓝蓝的天空没有一丝云彩。潺潺的小溪，从身边缓缓流过，叫不出名的野花争相开放。

远处一头母牛带着它的崽崽在散步，身边孩子们尽情地嬉戏玩耍着。一只蟋蟀在地里蹦来蹦去，还有那树上的鸟儿不停地在歌唱。

你，用心去听，远处有瀑布泻下的声音；你，深吸一口气，手中有玫瑰散发的幽香；你，认真地去体会，自己忽而漂浮在安静的湖面上，忽而又深入葱郁的山谷中。你，要用心去感受，你的身体变得很轻很轻，轻得几乎能在空中飘浮着，你的身体又变得很重很重，重得就要陷进地下。

优美、舒缓的音乐，犹如股股清泉涌入心田，顿时，心情变得豁然开朗，身体也得到了最大、最好的放松。经常用这种方法调节身心，你会发现，你变得越来越美丽，也越来越自信，充满阳光。

放松和沉静现在结束。深吸一口气，慢慢地睁开双眼，你感到生命和力量流通了你的双腿、臀部、腹部、胸部、双臂、双手、颈部、头部。这种力量使你感到轻松和充满活力，之后便可恢复活动。

从以上描述可以看出，自生放松是一种通过暗示语使身体各部位直接放松，最后达到全身放松的方法。自生放松强调的是呼吸调节、温暖感和沉重感。一旦比较熟练地掌握了放松方法，就可在下列情况下使用。

第一，表象练习之前有助于集中注意力，使表象更为清晰、逼真、稳定。

第二，训练结束后或临睡前有助于消除疲劳，得到充分休息。

第三，比赛前过于紧张时有助于降低能量消耗，使唤醒水平处于最佳状态。

2. 表象训练

表象是一种不需要外部刺激直接参与，在头脑中对人体的一切感觉（视觉、听觉、触觉、本体感觉等）经验再现或重构的心理过程。从表象产生的主要感觉通道来划分，表象可分为视觉表象、动觉表象、听觉表象、味觉表象等。视觉表象是指视觉感受器感知的客观事物在脑中重现的视觉形象。动觉表象是指动觉感受器感知的肌肉动作重现在脑中的动作形象。

从表象中自己所处的视角，可以把表象分为内部表象和外部表象。内部表象是指用眼睛的后部体验表象情境，感受自我的操作活动。外部表象是指从旁观者角度看到表象的内容，看到自己外观上的变化。

表象训练又称"视觉化"训练、内心演练、意象演习或想象训练等，是指运动员有意识地在头脑中再现或完善某种运动动作或运动情境，从而提高运动技能、增强心理调控能力。表象训练是体育运动领域最为普遍的一种心理技能训练方法。通过表象训练能够调节运动员的情绪及生理唤醒水平，运动员在表象自己出色完成技术动作时，能够将其注意力集中到当前的任务上，有利于运动员建立正确的动力定型，加快动作技能的学习，从而增强运动员的自信心，进而出色地完成任务。

身体任何部位的肌肉出现紧张，都会影响表象的清晰性。因此，表象练习一般从放松练习开始。例如，先放松3分钟，再经过"活化"动员，便可开始表象练习。由于表象不如感知觉那样直观，没有实物的支持，人们很难长时间将注意力集中在表象上，因此表象的时间限制在3分钟之内较好，不宜过长。

3. 模拟训练

模拟训练是针对比赛中可能出现的情况或问题进行模拟实战的反复练习过程，目的是适应各种比赛，保证技术、战术在变化的情境中也能得到正常发挥。

模拟训练的核心思想是适应。所谓适应，是指个体为自身的生存和发展，在生理机能或心理结构上产生改变以便与环境保持平衡的过程。例如，不断进行裁判员错判的模拟训练，以降低对错判的过激反应，就是寻求与真实比赛情境保持平衡的过程。模拟训练的主要作用在于提高运动员对比赛应激情境的适应能力，在头脑中建立起合理的动力定型结构，以便使技术、战术在千变万化的特殊情况下得到正常发挥。如果不进行模拟训练，运动员对意外的超强度刺激没有做好相应的应答准备，比赛中就可能出现暂时联系的中断和自动化的消失，对这些超强度刺激产生不适应反应而造成比赛失常。

模拟训练可分为实景模拟和语言、图像模拟两类。实景模拟是设置竞赛的情境和条件对运动员进行训练，包括模拟对手可能采用的技战术，赛场上可能出现的意外情况，比赛的天气、场地、观众的行为等。语言图像的模拟是利用语言或图像描述比赛的情境，例如，描述裁判员的误判、对手的行为和自己的行动，通过电影、录像及播放录音等来显示对手的特征和比赛的气氛等，以便使运动员形成对比赛情境的先期适应。模拟训练所包含的内容很广，应根据比赛的实际情况和运动员本人的特点来确定。

（三）动机控制方法与手段

1. 目标定向

目标定向指一个人参加某一活动时所依据的成就目标倾向。它不是具体要达到的行为数量标准，而是内心追求的成就取向。成就目标走向是一个重要的动机变量，有任务定向和自我定向两种目标取向。

（1）任务定向目标。这是指以个人表现的提高为关注重点的目标，在完成一项任务的过程中，自我定向目标强调的重点是任务本身，人们对自己表现出的能力的知觉是以自己为参照，不同他人做比较。因此，可以预测，这种任务定向有助于培养和提高人的主观能力。任务定向占优势的个体在行为过程中，注重于发展自己的能力，注意力主要集中在对任务的把握和理解上，把能力的提高和对任务的掌握程度作为成功的标准，失败被看作寻求解决问题的方法和达到特定目标的有效途径。

（2）自我定向目标。这是指以击败他人为关注重点的目标。在完成一项任务的过程中，自我定向目标强调的重点是超越他人，人们对自己表现出的能力的知觉是以他人为参照，是对"自己是否比别人强"这个问题所做的评估。因此，可以预测，这种自我定向更有可能使人们产生能力不足之感。自我定向占优势的个体在行为过程中，有向他人展示自己才能和智力的愿望，并极力回避那些可能失败或显示自己低能的情境，倾向于以参照群体来评价自己的成功。由于个体在运动时，并不是单一的目标定向，常常是两种目标定向的混合。所以有学者对目标定向的类型做了进一步的划分，根据任务定向和自我定向两个维度，将目标定向分为四种类型，即高任务定向/高自我定向、高任务定向/低自我定向、低任务定向/高自我定向、低任务定向/低自我定向。

2. 不同目标定向对参加体育活动的影响

在体育运动中，目标定向可能是影响内部动机的重要因素。杜达和尼克尔斯（Nicholls，1984）曾做过一项以高中学生为测试对象的研究，采用"体育活动任务定向和自我定向调查表"来确定任务定向、自我定向和满足感、枯燥感、兴趣感之间的相关性。调查显示，任务定向与从事体育活动时的乐趣感有可靠的正相关，而与枯燥感呈负相关。威勒兰德等的一项实验室研究报告指出，如果让男孩从事一项竞争定向的活动而不是任务定向的活动，那么在以后可自由支配的时间内，他们花在该项任务上的时间就更少。这些研究表明，目标定向和体育运动中的动机过程、成就行为等之间存在交互影响的关系。

3. 目标设置

一个人的目标设置风格反映他的人格特征。由于人格特征是长期的和比较稳定的，不会随着情境的变化而发生太大的变化，因此，目标设置风格被称为目标定向。目标定向可分为任务目标定向和自我目标定向。

当运动员采取任务目标定向时，关心的是如何完成一件能提高个人能力的有意义的任务。完成任务的目的是提高能力，个体把努力看成是获得成功的基本要素，并通过努力来学习新技能。他们把成功定义为个人的进步，而不是与他人对比自己有多少优势，通过对任务的控制或个人技术改善的体验来提升他们的成功感和能力感。尼克尔斯提出，一个任务目标定向的运动员强调努力，会选择具有挑战性的任务，不畏困难，在成就情境中自信心增强并能够发挥技术水平，而且这种定向的运动员重视活动的过程。而当运动员采取自我目标定向时，他们所关心的是自己在一个具体任务中有怎样的优势，主要兴趣是表现自己的能力，打败别人，取得超过他人的成绩，或者用很少的努力来获得成功。主观上的成功会使他们感到自己的能力已是高人一等，同时他们会感到少花力气就会成功。他们的评价标准是社会常模，即只有当他们被其他人评价为同一群体中的成绩突出者时，才会感到成功和满意（季浏，2006）。当他们被认为不如其他人时，就会感到失败。因此，当他们预见自己能力不足时，就会感到焦虑，以至于回避任务，或者表现出较低的努力程度，以此作为失败的借口。一个运动员的自我任务定向的努力程度降低，便会对运动缺乏兴趣，对自己的能力表示怀疑，当失败反复发生时甚至会退出运动生涯。有这种定向的运动员重视活动的结果。

二、赛前的角色定位

运动员参赛的角色定位（Role Positioning）是指运动员在赛前、赛中和赛后对自己、全队和对手的基本认识，它不仅直接影响到运动员对比赛自我表现正常与否的判断，而且进一步影响到运动员的自信心和应变能力，运动员参赛时合理的角色定位是比赛心理调节的重要基础和保障。

1. 理性定位

赛场上没有绝对的强者，以弱胜强的事例很多，因此，无论比赛的对手是谁，赛前都应该对自己或全队的参赛角色进行理性的定位，绝不能轻敌，争取每一次机会，以"夺、冲、追"的精神打好每一场比赛。

2. 过程定位

对于赛前的角色定位，心理学家一直提倡运动员要关注比赛的过程，而不是结果，运动员赛前应该专注于比赛过程中的技战术，并对这些通过自己的努力就可以控制的因素坚定必胜的信心，这样才会有利于水平的发挥。

3. 自我重新定位

比赛即是一种博弈，天时、地利、人和等诸多因素均可以左右比赛的胜负，因此，曾经的胜负只代表过去，胜不骄、败不馁才是强者的优秀品质。在连续性的比赛中，为了防止运动员对自我形象的无意识夸大或降低，一场比赛之后，球队或运动员均应对自我和全队进行重新定位，如胜者寻找缺点，而负者则应寻找优点。

三、赛前的状态调整

俗话说"赛场如战场"，任何形式的比赛对个体来说都不亚于一场战役，所以运动员应根据环境和个体的实际情况调整自己的心理状态，使其处于最佳水平，保持适宜的紧张情绪，这不仅有助于运动员保持良好的竞技状态，而且有利于运动员在赛中充分地发挥技战术水平（苏煜、尹博，2010）。运动员赛前情绪的过分紧张和思想松懈都会形成不良的竞技状态，甚至会导致水平的发挥失常。

1. 情景模拟

为了提高对比赛的适应能力，赛前要针对对手的情况进行模拟训练，也可以采用落后比分、以小打大、以弱打强以及女队打男队等模拟训练方式来创造不同的比赛情景。这有利于运动员提前适应比赛的环境，做好充分的心理准备，并能将良好的状态带入比赛中，提高心理的稳定性和技战术发挥的水平。

2. 情志转移

情志转移是一种通过转移注意力来控制情绪的方法。比赛前的紧张是每一个运动员所面临的实际问题，比赛越重要，紧张感就越强。当赛前感到过度紧张时，可有意识地强迫自己把注意力转移到其他事务上，这是缓解过度紧张的有效方法（如打牌、看电影、逛街、听音乐等）。

3. 表象调节

表象调节是一种通过表象来调节情绪和行为的方法。当比赛开始前，运动员通过回忆在头脑中清晰地重现成功时的表现、体验当时的情绪状态和感觉，就会进一步树立成功的信心、缓解紧张的状态、提高动作效果。

4. 语言暗示

语言暗示是调节赛前状态最简单和有效的方法。当赛前过于紧张时，可以在心中默念："放松！我能行，我不紧张……"如此便会使自己保持镇静和放松；而当赛前过于放松，紧张不起来时，可以在心中默念："我是比赛的主人，我是强者，我要去战斗……"通过这些积极性的语言暗示，运动员就会进一步调动自己的比赛激情。

5. 音乐调节

音乐调节是指通过音乐来控制情绪的方法。心理学家的研究表明，音乐是对人的情感影响最大的刺激因素，它具有很强的感染力。人们通过听觉直接触动自己的感情中枢，调节和稳定自己的情绪。赛前的应激状况对不同个体会产生不同的影响，当过于紧张和亢奋时，悠扬舒缓的音乐会有助于精神的放松和心情的平静；而当过于沉闷和消极时，激情振奋的音乐会有助于精神的兴奋和情绪的振奋。

6. 活动调节

赛前的身体活动不仅有利于身体的各项生理指标快速达到比赛的状态，而且有利于个体的情绪调节和心理调整。大脑和肌肉的信息传导是双向的，当肌肉活动积极时，从肌肉传递到大脑的冲动信息就多，大脑的兴奋水平就高，情绪就会高涨；反之，肌肉越放松，大脑的兴奋性和情绪就会越低。因此，采用不同速度、强度、节奏和幅度的动作练习可以调节运动员赛前的心理状态，强度小、幅度大、速度和节奏慢的动作练习可以降低情绪的兴奋性，消除过度紧张的状态；反之，则会提高情绪的兴奋性。

7. 激化调节

激化调节就是通过外部刺激来激发运动员情绪和行为的方法，也就是我们通常所说的"激将法"。激化调节的方法要因人因事而行，不能一概而论。如对于某些有经验的运动员，其已经充分地做好了比赛准备，就不需要再进行激化调节；而对于那些怯场的运动员，就需要激化调节。当教练员发现运动员没有明白或重视自己的问题时，就可以采用"激将法"来激励对方，但要慎用伤害对方自尊心的语言。运动员也可以采用自我激励的方法，如高喊或默念激励自己的语言，或用力拍掌等。

8. 饮食调节

饮食调节就是指通过饮食来控制和调节情绪的方法。食物可以影响人的情绪和行为方式，因此，运动员在赛前应注意合理的饮食，如食用碳水化合物可起到镇静作用，而约42克的碳水化合物便足以产生镇静作用；饮用过量酒精就会降低人体对抗应激的能力；饮用过量的咖啡也会引起情绪波动，从而产生抑郁、烦躁的情绪。

9. 制订比赛方案

比赛方案是教练员和运动员根据比赛目标而为比赛进程制订的详细计划。制订比赛方案是赛前心理准备的重要内容，也是最具有可操作性的工作之一。其目的是提高运动员应对各种重要情况和突发情况的能力，做到有备无患。运动员在赛前制订的比赛方案应当是全方位的，重点是技战术准备，同时也应包括衣食住行和各种意外情况发生等的准备，并针对各种问题和情况制订相应的具体对策，以做好充分的心理准备。

第五章

校园绳操的创编

　　校园绳操的创编需要教育者深入研究跳绳运动的性质和特色，并且需要结合时代精神风貌进行创新性展现，如何创编校园绳操，如何编好一套校园绳操。这既是对当代校园跳绳运动教育者们的一个要求，更是对教育者们的一个考验。

第一节 校园绳操的创编依据

一、校园绳操应依据练习者的基本特征进行创编

校园绳操是一项参与性较强的体育运动，在校园绳操创编的过程中要依据不同练习者的基本特征，按照练习强度接受能力、表现力等方面的不同要求，有针对性地进行创编，做到有的放矢。在创编风格、技术难度、负荷大小等方面因人而异，才能收到较好的效果。

1. 依据练习者的年龄特征

不同年龄阶段的练习者在生理、心理上有较大的差异，因此，在创编时也有较大的差别。在健身活动中，校园绳操的编排要因人而异。不同年龄人群的运动器官和内脏器官的生理机能状况有较大差异，对运动负荷的承受能力不同，兴趣爱好也不同，因此，要选择适合年龄特点的动作编排，动作技术要规范，形式要活泼，音乐要有特点；编排要有目的性，内容新颖、动作优美、幅度大、变化多、节奏快、力度强，音乐和动作的风格要有强烈的时代气息，充满激情。老年人适宜练习速度较慢、技术简单、重复次数多、实用价值高的动作。

例如，为儿童少年创编的校园绳操要突出天真活泼的特点，动作形象生动，运动量不可太大，动作自然轻松欢快，容易模仿，可多一些趣味性强的动作，配以儿歌等，充分发挥他们的模仿能力与表现能力，反映天真活泼的个性特征。为青年人创编的校园绳操可选择动作幅度大、富有动感，配以节奏强劲、变化丰富的音乐，以突出青年的豪放与激情。为中老年人创编，应选择比较简单、舒展、安全的动作，力度不宜过强。既要突出稳重性，又要体现健身性。

各级学校的体育教学应针对不同阶段（大、中、小学）学生的特征，在编排校园绳操时，应考虑教学任务与要求，从学生已掌握的动作素材、学生的身体素质基础、学生人数、教学条件等实际出发，编排适合学生特点的动作。

2. 依据练习者的性别特征

男性校园绳操动作要刚柔相济，动作幅度大、力度强，多采用摆动、弹动、屈伸并结合简单的舞步，还可运用体操、街舞动作进行练习，表现男性阳刚气质和灵活多变、充满力量的动作风格。女性柔韧性、灵巧性较好，在编排上多一些舒展、优美的舞蹈性较强的动作。

二、校园绳操应依据场地条件进行创编

1. 充分利用场地

校园绳操一般为集体练习，人多，每个人占用的空间比较小，编排组合成套动作时要考虑动作幅度和方向变化，动作位移的幅度不能过大，动作路线的变化不能过于复杂。为了在较小的范围内增

加移动距离，可采用集体向前、后、左、右变换方向的同向位移。也可将练习者分成两半，从面相对或背相对开始，反向交叉位移。持小型道具练习时间隔距离要加大，要考虑臂长加绳具的长度，间隔距离过小容易互相碰撞，造成练习中断或碰伤。校园绳操不宜选用幅度过大的脱手（如高抛）动作，要合理、全方位地利用整个场地。

2. 因地制宜创编

校园绳操可在室内或室外进行。可在运动场上练习，也可利用室内的地板、地毯、桌椅、门、窗、床和大镜子进行练习，还可利用室外的空地、草坪、栏杆、水泥台阶、墙壁、大树等自然条件练习。按照不同的场地条件编排具有不同特点、不同锻炼价值、丰富多彩的成套动作供练习者选择使用，能够收到异曲同工的效果。表演性校园绳操要根据表演场地的位置（室内或室外、台上或平地）、场地面积、空间高度、地面条件、灯光效果、季节、气温以及背景条件进行编排。

三、校园绳操应依据不同绳具特点进行创编

校园绳操绳具形态各异、质地不同，有硬材料绳具、软材料绳具和弹性体，各种绳具具有不同的性能特征。编排校园绳操时应充分利用各种绳具本身的运动特性来设计和编排动作。

1. 个人短绳

利用短绳的轻巧性能和短绳色彩丰富的特征，做短绳的摆动、缠绕、步法、多摇动作，也可两人一绳做空间转换和跳跃动作。

2. 单长绳

利用长绳的长度、摆动幅度和空间大的特点在空中可形成多人协同造型，做各种大车轮、"8"字动作以及多人同跳等动作。

3. 车轮绳

可持车轮绳，运用车轮绳的旋转做各种两人摇绳、交叉以及换位等动作。

4. 交互绳

利用交互绳的交错节奏变化，做各种交互摇绳、进出、体操、舞蹈动作。

在编排小型集体自编舞时，不能将绳具当成装饰物，而应看作是身体的延长部分。绳具动作与身体动作应协调配合，使绳具始终处在运动之中，形成优美的动态造型。

四、校园绳操应依据美学的形式法则进行创编

校园绳操在音乐节奏下，通过身体动作、力度、幅度、速度和姿态造型的变化以及与小型道具的结合，展现出人体美与物体运动的自然美。在校园绳操成套动作编排中，应从以下几方面体现舞蹈的艺术性。

1. 运用艺术手法巧妙编织美的动作结构

将多种多样的动作编织在一起，构成立体动态图案，表现出均衡、和谐、对称、自然、曲线、流畅等人体运动的外在美和蕴藏在机体之中的柔韧、灵敏、协调、力量等素质美。

2. 运用不同绳具的动态特征强化美的效果

绳具在转动、滚动、弹动及抛体运动中，造成连续发展的形

态、幅度、强度的变化，构成流动的韵律美和人与绳具运动的和谐美。

3. 运用音乐与动作的配合，充分表现美的意境

与成套动作相匹配的音乐在时间的延续中起伏展开，以较理想的声音美与动作美融为一体，极大地满足人们的审美心理需求。

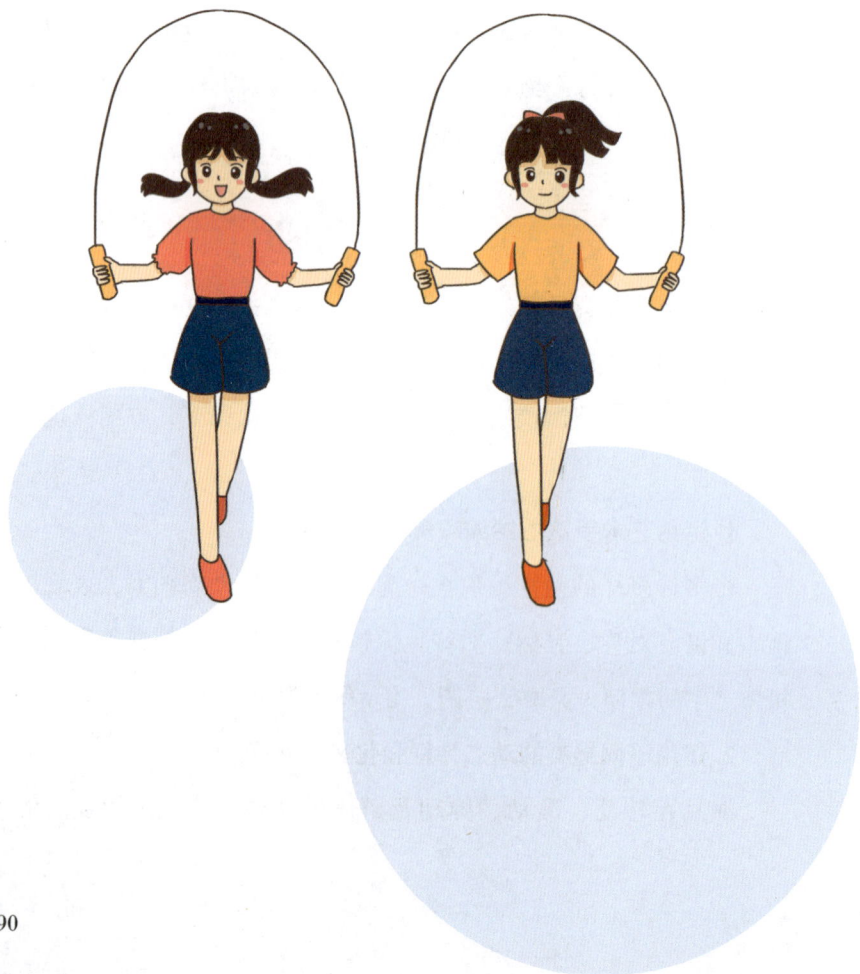

第二节　校园绳操的创编要素

一、动作要素

校园绳操一套动作由几十个单个动作组成。单个动作的类型数量及动作间的连接方法是构成成套动作性质、特点、价值和艺术性的重要因素。

二、音乐要素

编排校园绳操成套动作应选择符合动作韵律、节奏、风格特点的音乐。音乐有助于表达人的思想、情绪和意境，确定成套动作的风格，激发创编者的思维、思想，为校园绳操注入了生命力。

三、空间要素

校园绳操成套动作要充分利用场地和空间。空间的变化主要指不同的方向、不同的路线（线、曲线、弧线）、不同的水平面（高空、中空、低空）、队形变化时形成的图案效果、移动时采用的不同方法等。校园绳操成套编排中要体现空间变化的多样性。

四、时间要素

校园绳操成套动作的时间虽无严格规定，可长可短，但也应根据目的任务及对象的不同确定适宜的时间长度，以达到预期效果。时间要素涉及音乐长度和动作数量。无论何类校园绳操，均要求在规定的时间内完成编排的动作内容。

第三节　校园绳操的创编思路

一、校园绳操促进跳绳运动的发展

随着人们审美水平的不断提高，人们需要更多、更丰富的校园绳操，使传统的跳绳运动注入时代的气息，符合现代人的审美观点和需求。同时，校园绳操吸收了其他运动动作中优秀、适应于现代人们需要的舞蹈、体操内容，也是对传统跳绳运动的继承、传播和发展。

二、时尚元素丰富了校园绳操的表现手段

校园绳操动作创作没有固定不变的规范可循，步法多摇动作、舞蹈动作、体操和造型是校园绳操的表现手段。校园绳操的动作取材于其他运动动作的基本、有代表性的元素，通过编排，适合推广、健身，符合科学性原则。相同动作的重复和变化，不同动作的交替衔接，组成动作的丰富多变。随着节律的快慢变化及各种节律变化的步伐、手势、造型、姿态等，每套校园绳操因音乐风格不同而风格各异。通过时尚元素的形式美展现人体美和精神美。采用典型舞蹈、体操动作及常见乐曲通过合理编排、适当重复，达到健身

的目的。

在对舞蹈、体操动作素材的提炼、音乐风格及节奏的把握、健身原则的使用和贯穿的基础上，借鉴舞蹈、体操元素，通过不同步法、难度动作、舞蹈、体操的动作、姿态、节奏体现校园绳操的特点、风格、韵律，把不同风格的时尚元素纳入校园绳操的形式中。通过构思、编排，配合音乐使各时尚元素融为一体，成为健身需要的校园绳操。

三、凸显校园绳操的健身、愉情功能

时尚元素美感是人们通过视觉、听觉、动觉等感觉器官，在对时尚美的感知、想象、情感、理解的审美过程中所产生的赏心悦目的精神满足，所引起的愉悦的一种心理状态。舞蹈动作的简单化可采用手的动作或特色步伐，有条件的可做手脚组合动作。如街舞中某些动作可为常人锻炼形体所用；也可采用中国体操中的侧手翻、前滚翻动作，只要符合校园绳操的规范性和健身原则即可。

校园绳操作为跳绳体育项目的一种，采用多种时尚元素，突出健身功能。继承和借鉴人类所创造的宝贵舞蹈、艺术、音乐、体操、武术，重视手、眼、躯干、步伐的配合和整体艺术效果。多种动作的表现适合人们标新立异、多变的口味，侧重于体验和感受。人们应找到自己的位置和生存空间，发挥校园绳操独特的功能和作用。积累越丰富，创造出动人校园绳操的可能性就越大。

四、校园绳操的传情达意

任何体育运动均由人的四肢、躯干和头部各种线条的运动和变

化所形成。激情时急速地跳跃、旋转，抒发细腻的思想感情和宽阔胸怀时，圆润、流畅地舒缓动作。许多舞蹈动作，如将它们放大扩展，可以表现出人物粗犷的性格；而把它们缩小则可以表现出人物拘束谨慎的性格或压抑的情绪。圆润缓慢的线条动作和硬直的带有棱角的快速线条动作，就可以表现出完全不同的性格和情感特征：前者谦逊、温和，后者粗犷、急躁；前者具有阴柔之美，后者则有阳刚之气。创编校园绳操时不主张采用太多技巧和难度动作，如跳跃、旋转、翻腾、柔软、控制等高难度的技巧动作。同样一个动作，可以针对不同主题（音乐）、不同人群（年龄、性别）的兴趣和审美需要转换、调整动作节奏和动作幅度。表演不是目的，动作的对称如人的双手、双脚、双眼、双耳以及大脑两半球，有利于维持着身体和各种感觉器官的对称和平衡，从而使校园绳操动作转化成欢乐、积极向上的、符合中小学生锻炼需求的形式。

第四节　校园绳操的创编原则

一、目的性原则

校园绳操目的性原则是指在校园绳操编排过程中，以最终所要达到的目的或获取的结果为核心依据，在创编过程中着重采用因目的任务不同而导致成套编排的结构、动作难度、动作特点、音乐风格及速度等诸多创编因素不同的创编意识，进行明确性、有效性的创编。

1. 以教学为目的

校园绳操在各级学校中，以培养学生良好的思想品德、强身健体，掌握健身方法、树立正确的审美观为目的，使学生全面发展，并为终身体育打下基础。

（1）以遵守教学大纲要求为前提进行创编。教学大纲是教学的依据与纲领，校园绳操教学应严格按照大纲的要求进行教学，以达到教学的任务与目的，因此，以大纲的规定教材为核心动作进行创编，避免超过课程标准以外动作的出现，影响教学任务的顺利完成。

（2）以增强学生体质和提高学生身体素质为目的进行创编。校园绳操教学属于体育教学这一门类，因此应体现健身功能，以促进学生更好地学习与生活。创编时应首先考虑编排动作的锻炼价值，其次考虑成套动作的运动负荷，动作的顺序与动作连接是否合适，始终围绕增强学生体质，培养学生正确身体姿态进行编排。

（3）以激发学生的学习兴趣、有效提高教学质量与教学效果进行创编。编排学生喜爱的舞蹈类型及动作，音乐的选择应富有激情，动作应注重活泼、健康、积极向上，创编出更具吸引力的成套动作，以调动学生学习积极性，进而提高教学效果。

2. 以健身为目的

在校园绳操的创编过程中，以提高练习者机体功能，促进骨骼与肌肉的发展，全面提高身体素质和心理健康发展为目的。

（1）围绕以全面提高人体健康水平，发展运动素质，改善体型进行组织与编排。要考虑锻炼价值和不同学生的特点。校园绳操中各类绳具的动作均有着不同的锻炼价值。例如，个人绳花样动作能有效增强下肢力量、灵活性和动作的节奏感；交互绳动作伴随音乐和绳子交错运动能有效提高身体的节奏感和灵敏性。

（2）强调对运动强度与运动量的监控。创编成套动作的运动强度与运动量要符合学生的身体状况和运动能力。过大或过小的运动量和运动强度均会产生负面影响。此外，安排运动量应由小到大，逐渐增强，再由强到弱，符合人体运动负荷曲线，即人体心率曲线呈波浪式上升或下降。

（3）成套动作的创编要保证人体各部分得到充分的锻炼，通过改变运动方向、位置、节奏、路线，以促进肌力的增强和提高各关节的灵活性。在创编上力求充分动员机体，避免局部运动量过大或参与不够，这就要求在动作设计上，既要有上肢、下肢、头部躯干的动作，也要重视小关节的运动，讲究对称和均衡。

3. 以娱乐、表演为目的

以表演和娱乐为目的的创编，是从艺术性、观赏性出发，通过选择和编排优美、新颖、高度艺术性的动作组合，形成高雅、清新的文化氛围，给人以丰富视觉效果的同时促进身心愉悦。

（1）创编的动作应多鉴赏一些舞蹈的表现艺术，使人们在活动中表达一定的心绪和感情，以提高校园绳操的艺术魅力，增强娱乐性、表演性。通过鉴赏体育舞蹈、艺术体操、民族民间舞、芭蕾舞等多种艺术表现形式，将校园绳操的特色动作与高度的艺术性进行有机结合，充分体现校园绳操的特殊艺术魅力，提高观赏价值。

（2）注重创编技巧选择最美、最新颖的步法组合形式和单个动作内容，提高成套动作的表现力，以满足观众的审美需要。创编者可以将编排好的单个动作一一罗列出来，选择适宜的动作连接。集体性成套编排可多变换队形，以体现成套动作的连贯性、流畅性、丰富性和艺术性，从而达到表演、娱乐的最佳效果。

4. 以比赛为目的

比赛性校园绳操以争取优胜或获得优异的成绩为直接目的。要想在比赛中获得优异的成绩，编排应从符合比赛规则的角度考虑，创编中各种因素都要突出有所升华。因此，在动作素材的选择上，应独特新颖，具有创新意识和时代气息，同时应明确有关编排的具体要求，了解比赛的规则和其他赛队的水平与实力，为编排提供较全面的参考依据。

（1）遵守特定的规则要求。规则是比赛的法律，是每位参赛者必须遵守的。任何违反规则的创编都会严重影响比赛的成绩，因此，研究规则不仅是指导者与参赛者的天职，同时也是创编者应做到的。

（2）创编的成套动作要体现多样性、新颖性、流畅性，以提高艺术性，吸引裁判员与观众，取得理想的成绩。在创编比赛性校园绳操中，应考虑动作的合理性与艺术性，创编的成套动作要有特定的风格和特色。要考虑整体设计的艺术性，单个动作的艺术性，动作与音乐的风格一致性，精心设计和选编。例如，在编排的比赛中，规则规定每个步法动作完全统一，但根据比赛竞争性的需要，创编者应从队形变化、动作的过渡连接上下功夫，使成套动作编排得更加新颖独特。

（3）因人而异的创编。根据参赛队员的实际运动水平与个性特征选择动作，体现独特的魅力。编排成功与否，是与参赛者密切相关的。在编排中应充分考虑对象的自身综合因素，根据其协调性、柔韧性、表现力等，确定成套动作的难度、强度以及动作风格类型，避免不顾对象的实际情况，过高或过低地评估其实际能力，从而影响实际水平的发挥。

5. 以保健康复为目的

在伤病治疗过后，为了恢复体力功能或因习惯性错误体姿造成了形体结构的改变，可通过校园绳操动作的锻炼，使健康得到恢复。这类动作的编排针对性较强，需要根据保健康复的运动处方来选择动作内容，确定重复次数及成套动作的数量和持续时间。在编排中严格按照解剖学、生理学、生物力学以及运动学规律，定时监测体质、功能和形体的变化。依据练习的身体变化变换动作内容，整个练习的设计要体现科学性、系统性和适用性。

二、针对性原则

针对性原则是指在绳操创编过程中要针对不同的年龄、性别、运动水平以及练习者的心理素质及爱好接受能力参与绳操活动需求的不同侧重，有的放矢地进行校园绳操的创编。对于不同的练习对象，其动作的接受能力、感受能力及表现能力都有所差异。因此在编排时应注意动作难易程度、动作的风格及练习的强度，有针对性地选择切合实际的健身方法和手段。

1. 针对不同年龄的人群

校园绳操创编过程中要针对不同年龄的人群创编。编排对象的年龄不同，生理和心理特征就会有较大差异，创编时应考虑对象的年龄特点。

（1）针对儿童的创编。少年儿童正处在生长发育阶段，生理特点主要表现在：身高和体重随着年龄的增长而增加。骨骼富有弹性，骨密度低，坚固性差，易变形。肌肉特征表现为肌纤维较细，收缩力较弱，心脏器官未完全发育，心肌收缩力弱，运动时需要增加运动次数增加血流量。心理特点主要表现在：注意力不能长时间集中，情绪波动较大。因此，根据儿童的身心特点进行创编，突出儿童的天真活泼特性，动作要形象、直观、生动，避免单调专一，切忌成人化。避免一些有损儿童生长发育的动作出现。进行绳操锻炼有助于增强儿童体质，培养正确的身体姿势，养成自觉锻炼身体的良好习惯。掌握校园绳操的基本动作，使身体形态、身体素质、内脏器官和心理品质健康成长，为一生的健康打下良好基础。

（2）针对青年人的创编。首先，应明确青年人的身心特点，其主要表现在：新陈代谢旺盛、精力充沛、动作敏捷；从心理上看青年人不仅追求身体健康更追求形体美，表现性别特征。其次，应根据这些特征进行有针对性的创编。例如，成套动作的难度、运动强度和运动时间可以适当增大延长，以满足众多青年减肥健身的目的，增加肌肉线条感，塑造优美的体态。最后，要突出青年人的豪迈与激情、蓬勃与朝气，选择音乐的节奏要明快强劲，练习强度较大，动作幅度大，以促进身体各系统、器官的正常发育，保持和改善身体健康状况，获得健美的形体、高雅的仪表，保持良好的身体素质，掌握健身健美的方法并终身受益。

（3）针对成年人的创编。随着年龄的增长，机体各器官日趋衰老，新陈代谢下降，骨密度和骨弹性下降，骨质疏松，负荷力降低易发生骨折，协调性下降、动作不灵活。应根据这些特征，考虑到成年人的身体运动能力，创编的动作应简单易学，练习强度要适中，音乐节奏稍慢，力争通过锻炼，加强机体的代谢过程，提高心血管系统的机能。增强体质，使日趋衰老的运动器官、内脏器官机能得到改善。同时绳操运动也为成年人的生活增添美的情趣，使身心得到愉悦，有助于提高生活质量。例如，为了增强成年人身体的灵活性，需要编一套以锻炼下肢为主的组合动作，考虑到成年人心肺功能的承受能力，重点选用向各方向移动的舞步组合结合简单的手臂摆动，腰部屈伸转动，既突出了下肢的锻炼功能，又使全身的灵活性得到改善，体现较强的针对性。

2. 针对不同性别的人群

（1）针对女性的创编。首先，应明确女性的生理心理特点，女性的肌肉力量较弱，下肢短，皮下脂肪较厚，协调性、柔韧性较好。心理特征主要表现为增强体质，体现女性形体美。因此，在创编过程中适当增加肌肉力量的练习和跳跃动作的练习。其次，应多设计一些影响胸、腰、臀的动作，从而突出女性身体曲线美。最后，动作编排应表现女性舒展优美，舞蹈性较强的动作。

（2）针对男性的创编。男性生理特征主要表现为肌肉发达、力量较强、体力充沛，但协调性、柔韧性较弱。心理特征主要表现为，增加肌肉的围度和力量，体现男子的强壮粗犷。因此，在创编校园绳操时要选择和设计能体现男子的阳刚之气、豪放之情，能展示男子强壮体魄、刚劲有力的动作和造型，尤其强调动作力度。

3. 针对不同运动水平的人群

运动水平决定了创编动作的难易程度，成套动作的运动负荷，以及成套艺术性的表现，应根据不同的运动水平进行创编。

（1）针对初学者的创编。创编的动作应以基础性动作为主，简单易学，避免过多的动作变化与技术性强的动作，运动强度中等偏下，以适应练习者的运动水平。练习初期动作安排主要为增强体质，提高身体素质及心肺功能，以肌肉的活动能力为核心进行。

（2）针对有一定基础者的创编。应着重于形体的改善，气质的培养等。因此，设计和编排要相应变化，抓住重点。动作的难度应相应增大，即动作的频率加大、速度加快，上下肢的配合要求更高。在编排时，可考虑一些练习队形及在队形上的一些变化，这样既能提高其娱乐效果，又能培养其团结协作的品质。同时，在编排动作时要拓宽素材内容，突出校园绳操的风格，提高审美要求，寓情于绳，把人的外部表现和内在神韵融为一体，表达美的意境。

三、合理性原则

校园绳操合理性原则是指在校园绳操创编中，严格遵守人体生理运动规律、运动负荷曲线，并以此为依据选择创编的方法、形式、内容和技巧，提高创编的科学性。在校园绳操创编中，遵循合理性原则主要是为了防止创编的动作违背人体生理规律造成运动损伤，或因运动负荷不合理而造成运动疲劳，为练习者提供科学可靠、安全的保障，提高健身效果。

1. 根据人体生理运动规律，合理安排动作顺序

（1）成套的编排应根据人体生理运动规律，合理设计动作的顺序。成套的动作顺序一般分为三部分。第一部分为预备动作，主要包括脊柱伸展及深呼吸；第二部分为主体动作，包括若干节身体部分的运动，身体运动由局部到整体；第三部分为整理动作，一般为放松和调整动作。动作设计应从快到慢，伴以深呼吸，使心率恢复到安静状态。

（2）根据人体运动生理学规律，运动一般从身体的远端开始再逐渐过渡到全身，身体逐步适应运动变化，所以创编时应合理安排和设计动作顺序。主要是要求创编者在编排中避免造成伤害的方法与手段，避免一些反关节的运动或关节受压过大，严格遵守人体生理活动规律进行创编，这样不仅可以使身体肌肉顺势用力，而且可以体现成套的自然美。

（3）根据人体运动解剖学规律，沿脊柱纵向将人体分为对称的两个部分，因此在创编的过程中应充分考虑人体的左右侧均衡发展。当我们设计动作时，特别是设计人体单侧动作时，要注意安排同等运动量的另一侧动作，以保证身体两侧的均衡发展。

2. 根据人体运动负荷曲线，合理安排运动量和强度

校园绳操锻炼的运动负荷主要指练习者在做绳操练习时的运动量和运动强度，这里包含的指数（如时间、次数密度、强度等）和机体反应指数（如心率肺通气量、耗氧量、血压、体重等），两者有密切的联系，应科学合理地安排。

四、音乐与动作一致性原则

校园绳操音乐与动作一致性原则是指在绳操创编时，将音乐艺术的"声"引进校园绳操动作的"形"中，有机地融为一体，变单一的感知动作为运用两种感官复合感知的校园绳操，提高校园绳操的艺术效果。

音乐是校园绳操的灵魂，它影响着校园绳操的风格、结构、速度、节奏，音乐伴奏衬托了校园绳操的气氛，有助于表现校园绳操的魅力，使校园绳操的练习和表演有声有色。通过音乐激发练习者做动作的激情和表现力，有助于体会动作的韵律感、节奏感、美感，增加练习兴趣，缓解疲劳。练习者随着音乐展开联想和想象，引起人体机制的明显变化，形成审美心理结构的和谐运动。因此，创编一套好的校园绳操，其动作随着音乐的启动而开始，随着音乐的变化而变化，随着音乐的结束而结束，能给人以难忘的印象。

校园绳操音乐的选配，应考虑到音乐与动作风格的统一，同时还要考虑校园绳操的不同风格，强调美与和谐的结合，因此，校园绳操的音乐旋律要动听，力求新颖，富于变化，节奏鲜明，旋律清晰，必要时可对音乐进行剪辑。音乐与动作的统一具体表现在以下三个方面。

1. 音乐风格与动作风格相一致

创编快节奏步法动作时，因为选择的动作素材以明快紧凑风格为主，这就需要节奏适合的才能吻合。若选用其他不匹配节奏或慢节奏的音乐，就会产生风马牛不相及的效果。另外，在绳操的众多绳种风格中，交互绳风格较为典型，类似街舞，因此在选取音乐时要选用具有街舞风格或节奏层次鲜明的音乐。

2. 音乐节奏与动作节奏相一致

创编校园绳操时，要根据音乐的节奏完成动作的编排。选择快节奏的音乐就要编排快节奏的动作，慢节奏的音乐应与慢动作相配合。如果节奏不一致，就会使动作失去动感韵律，破坏原有的完整性。例如，编排节奏明快、强劲有力的动作，采用柔和、慢节奏的音乐，就会使原有的动作拖泥带水，毫无激情，缺乏感染力。

3. 成套动作时间与音乐时间相一致

校园绳操在时间上是灵活多变的，但无论成套动作的时间长与短，都要与音乐时间的长度一致。所以，编排的音乐与动作应在相同的时间内完成相对完整的结构与情绪表达。

五、创新性原则

校园绳操要敢于创新，勇于突破旧有传统。创新是校园绳操的生命，没有创新就没有校园绳操的发展。此外，创新性原则主要是了解国内外校园绳操的发展现状和趋势，以总结、继承和发展已有的创作结晶。因此，在校园绳操创编时应遵循创新性这一重要原则。

1. 创新动作的编排

校园绳操编排动作从动作方向的变化、动作节奏的变化、动作路线的变化、成套组合动作的变化，以及造型的变化、队形的变化获得。创编校园绳操具有灵活多变性，只要符合人体生理规律，它可以移植、吸收各种优美的健身和舞蹈动作。所以创编动作不仅要使各种动作相互交融、刚柔并济，而且要建立在整体机能得到锻炼的基础上，力求整套动作变化丰富姿态优美、富有新鲜感，编织成为一幅美不胜收的健与美的画面。

2. 创新动作要根据人体结构的运动规律设计

创新动作要整体布局新颖，连接过渡巧妙而流畅。校园绳操创新动作的方法通常有移植法，是指把一个项目的动作部分或全部地引入校园绳操中并通过一定的改造而获得新动作的方法；逆向法，指把原有的单个动作或组合动作顺序颠倒，从中启发或获得新动作的方法；节奏变化法，指把原有的动作通过节奏的改变获得新动作的方法。

3. 音乐的选择要有新意

不论是民族音乐还是西洋音乐，都可以大胆地选择，只要音乐与动作协调配合，能够激起观众的情感，给人以深刻的印象即可。

4. 丰富的想象力

想象力是创造力的源泉，是对事物未知领域的设定与判断。想象力并非凭空而来，而是通过对周围事物的观察分析、加工而来。所以创编者首先要丰富自己，了解国内外跳绳发展新动态，深刻理解校园绳操的精髓，借鉴艺术（体操、体育舞蹈、民族民间舞等多种舞蹈素材）创编出既有健身价值又有艺术价值的校园绳操。

第五节　校园绳操的创编程序

一、校园绳操教学动作的创编

校园绳操教学组合及成套动作是体育教学中常用的教材内容，以传授知识、巩固动作技能为主要任务。根据不同学生在掌握知识、动作技能，提高身体素质，进行情感、心理以及道德品质培养方面的教学目标，选择适宜的教材内容。注重知识概念的准确性，认识过程的循序渐进性，知识点的系统性和全面性。在教学中学到的知识技能可灵活运用于健身、保健康复和表演等各种活动中。

教学动作组合的编排根据教学需要，以学生掌握的动作素材为核心，运用现有的绳具和教学场地条件进行编排。组合内容的选择具有较大的灵活性，可选用校园绳操各类绳种下的动作和多人配合动作。教学组合动作形式多种多样，可原地练习、行进间练习或集体配合练习。

1. 组合动作的类型

根据教学组合动作所选内容的特点和性质，可分为单一型组合和综合型组合动作。

（1）单一型组合。

单一型组合是以某一类型动作为主编排的组合。其目的是巩固和提高某种类型动作的技能，通过变换动作方向、路线和连接方法将同一类型动作的各种变化形式，按一定规律编排成套进行练习。例如，教学中常用的步法组合、变换步组合、侧甩动作组合等，均属于此类组合。

（2）综合型组合。

若干不同类型动作编排而成的组合，一般用于教学的复习巩固阶段。例如，在单摇动作组合中将学过的转身、滚动、跳跃等动作，按照音乐特点和动作技术结构的逻辑关系编排成套进行练习；在个人绳练习中，将学过的步法练习以及缠绕动作，结合学过的身体动作，按照所选音乐的特点和动作间的逻辑关系编排成套进行练习；在集体自编舞中，将个人绳动作与车轮绳、两人一绳、交互绳动作结合进行成套练习。其目的在于巩固和提高学过的各类型动作的运动技能，掌握不同动作之间的连接技术，体会成套动作的韵律感、节奏感，使学生适应在完成不同类型动作时，动作方向路线、节奏、速度、幅度的不断变化，从而增强自我调控及应变能力。

2. 组合动作的编排特点

教学组合动作按照适用性、可接受性和逻辑性原则进行编排。组合动作的内容和结构具有以下特点。

（1）针对性。

校园绳操教学组合动作是根据教学内容和教学阶段的需要而编排的，其目的性很明确。例如，为巩固提高某一类动作技能，为熟练掌握和协调运用各类型动作技术，为重点发展某种身体素质。

（2）重复性和对称性。

教学组合成套动作中，每个动作可多次重复，并且左右、上下、前后方向对称，左右手、左右腿各部位的动作对称出现。目的在于全面巩固和提高动作技能，使身体各部位均衡、协调发展。

（3）集体性。

教学课学生人数多、时间短、教材内容多，动作技术比较简单，通常采用集体练习形式。可在收点队形上做原地间练习或带有小范围移动的练习，在圆形队形上做比拼练习，在多列横队上做依次行进的练习或分组练习。

（4）音乐节奏的鲜明性和完整性。

校园绳操教学组合成套动作的伴奏乐曲一般选用结构简单、节拍较规整、节奏鲜明、乐段明显、旋律优美、流畅、歌唱性强的长线条乐曲。乐曲的长度以动作为依据，注意乐句、乐段和乐曲的完整性。单一型组合伴奏乐曲的节拍应与动作的节拍单位吻合一致。例如，步法组合用4/4拍、速度步用2/4拍、变换步用4/4拍或2/4拍的音乐。综合可选用有较多变化的乐曲，使其与动作的节奏吻合。

3. 校园绳操教学组合动作的编排步骤

（1）设计框架。

根据所编组合的核心动作内容确定组合类型是单型还是综合型、组合的练习形式是原地间练习还是行进间练习、有无队形变化等，根据核心动作之间的逻辑关系确定动作顺序，根据核心动作的数量和重复次数计算组合长度，形成组合动作的框架结构。

（2）选择音乐。

根据核心动作的节奏和风格特点、组合的长度和框架结构选择适宜的乐曲。

（3）编排动作。

以核心动作为主，配合简单的连接动作，按音乐乐句的长度编排联合动作。根据动作之间的逻辑关系及音乐的结构特点，将联合动作串编成成套动作。

（4）修饰加工。

首先在口令指挥下做成套动作，检查动作之间的衔接是否合理，动作节拍是否完整，所编动作内容是否充分体现，成套动作长度是否合适。删除不合理部分，对不合理之处进行修改、完善。然后配上音乐伴奏进行成套练习，检查动作与音乐节奏是否吻合、节拍长度是否一致，对于配合不协调的动作进行调整和修改，使其和谐一致。

二、校园绳操健身动作的创编

校园绳操健身动作（以下简称"健身绳操"）的创编，是继承原有传统跳绳的风格发展创新，并根据内容的需要进行演化，不再是单纯竞技速度，更不是传统的体能练习和游戏。当然，这并非排斥民族民间体育文化，是对其合理借鉴和发展。要"合理"，就是要和新时代多元化融为一体，而发现素材并把它上升为一个内容和形式和谐统一的作品就是创新。校园绳操并不是简单跳绳步法动作的堆积，它是一种探索性的体系，有确立的主题，动作与音乐形象一致，通过动律动作、组合的介绍，"以一当十"，达到"举一反三""触类旁通"的效果。关键是深入生活，以开拓精神不断扩展自己的创作思路。

1. 健身绳操成套动作的特点

（1）注重优美和健身效果。

健身绳操成套动作，其主要目的是通过跳绳动作锻炼身体、增强体质，使内脏器官、神经系统机能得到改善，使各项身体素质得到增长，使不正确的身体姿势得到纠正。在动作中体验形体美、动作美、音乐美、风度美，树立正确的审美观。在动作中陶冶情操，进入愉快、积极向上的精神状态，达到愉悦身心的效果。因此，所选的动作要充分体现健身、健美娱乐的功能，要考虑面向大众，注重可接受性和运动量的合理性，以求达到最佳健身效果。

（2）动作因地制宜。

健身绳操可徒手进行，可一人或两人进行，也可多人集体进行，还可以根据空间地点进行人数和队形的合理编排，灵活设计，随时随处可以达到健身的目的。

（3）动作简便易学，有利于推广。

校园绳操健身动作技术简单，对练习者身体素质和运动能力的要求不高，一般人都能学会。练习者可根据自己的年龄、体力、兴趣、目的随意选择练习内容。练习时可选用乐曲伴奏，可跟着教练员学或看书、看视频自学。校园绳操适合在各种年龄层次的人群中推广。

2. 健身成套动作的创编要求

（1）传承中融会贯通。

健身绳操是一个文化载体，人们在进行绳操时，考虑到场地氛围、礼仪规范、绳操内容及音乐风格特点，体现出审美心理和感受文化的气息，传递健身信息。编排要体现综合研究，除形象动作外，把表演者的精气神体现出来，在绳操表演的过程中融会贯通。

（2）艺术升华。

健身绳操并不是各种元素的大杂烩，它取材于生活，仍要体现不同元素（舞蹈、体操、音乐、武术等）的风格和特色，关键是采用舞蹈中引人入胜的形体动作及跳绳健身的环节，使人们体会到绳操健身的快乐和满足人们的审美心理，感受美好心情，因此，从采用素材出发，通过潜移默化和别具匠心的艺术升华，才能达到完美的效果。

（3）教学相长。

把各种素材、形态的创新元素整理成健身绳操进行教学和推广，需要教师或创编者在掌握素材的基础上，通过精练的动作语言，深入浅出的语言，启发学生的想象力和理解力。根据普通锻炼人群的素质、理解能力等方面的特点，学生能把所学知识运用自如，在创编时融入个性表达。

（4）时代精神。

健身绳操的生命力在于强烈的时代感，它是在一定的自然条件与社会因素中形成的节奏和动律，人们在这种和谐的律动中抒发感情，展示精神风貌。把高雅舞蹈艺术元素结合绳操融入平时生活中，把民间文化引入现代人的日常锻炼中，健身绳操体现时代精神，反映现代人的健身需求和审美情趣。

（5）科学的健身理念。

健身绳操并不是各种创新元素的杂糅或任意截取，它通过科学健身的手段把所需的舞蹈、体操、武术、美术、音乐素材有机地结合起来。

3. 健身绳操的创编步骤

创编健身绳操要有一个总体构思，并确定整个绳操大体的风格、节奏、运动量和动作顺序，要选择合适的音乐，以及单个动作的设计和成套动作的组合，并经过反复实践与修改，才能达到预期的效果。健身绳操成套动作的结构一般由10多个具有不同锻炼价值的跳绳动作构成，每个联合动作中有2～4个核心动作以及必要的连接动作。每个联合动作根据健身的需要和音乐特点可重复4～8次或更多。全套动作依据动作性质、动作速度、幅度和运动强度确定成套动作时间，一般在2～3分钟。

（1）总体构思。

根据编操的目的任务、练习者特点及场地器械条件，确定动作形式（徒手、绳种或利用环境、地、物）、动作类型及核心动作；根据练习者的特点和动作特点，确定音乐的风格、节奏特点。

（2）创编联合动作、选择音乐。

成套动作中的每个组合动作都要突出某种锻炼价值，例如，脚步运动的联合动作以纵横向的开和并以及纵向的屈和提为核心动作，包括颈部的前后、侧屈；腰部运动的联合动作可以躯干弯曲、扭转和绕环为核心动作，也可以向前后、侧方向的身体弯曲和波浪为核心动作编排联合动作，达到增强腰部力量和灵活性的目的；下肢运动可以压腿、踢腿为核心动作，也可以走、跑舞步、小跳为核心动作编排联合动作，达到增强下肢力量和灵活性的目的。总之，核心动作的选择及联合动作的创编应遵守各项创编原则，既突出重点，又使身体全面发展。在创编联合动作的同时，根据总体构思选择适合练习者年龄和动作特点的音乐。

（3）串联成套动作。

按健身绳操健身类成套动作的结构特点排列联合动作的顺序，一般应从靠近绳柄的头、颈、手、脚等部位开始，逐步加大动作幅度，加快动作速度，扩展到全身运动。注意原地与行进间动作交替进行；较大强度的动作之后要有运动量的调节和放松缓冲；联合动作的重复次数既要考虑锻炼效果，又要避免单调和局部负担过重；各联合动作之间的连接要符合韵律节奏和动作技术的逻辑关系，充分利用重力和惯性，使其顺达流畅。在串编成套动作时，要根据音乐的节拍长度对动作进行适当修改，使其协调一致。

（4）试做成套动作。

选择与练习者年龄、基础相近的对象试做成套动作，以检验动作的难易程度是否适宜，动作的连接是否合理，动作的健身效果是否体现，动作与音乐是否协调一致。并采用观察和测量心率的方法，检查成套动作运动量大小是否适宜，对不足之处进行修改加工，使其具有较强的科学性、适用性和艺术性，便于在广大群众中普及开展。

三、校园绳操表演动作的创编

1. 表演动作的特点

校园绳操表演动作（以下简称"表演绳操"）常常作为节日庆典、大型活动开幕式或晚会的节目出现在舞台或广场上。表演动作内容丰富多彩、技术简单、形式新颖、主题明显，集体育与舞蹈、体操、音乐于一体，具有较强的艺术性和观赏性。表演动作的编排无固定模式，在旋律优美、节奏鲜明、充满意境的乐曲伴奏下，通过人体与不同绳具的配合展示人体和道具的运动美；展示表演者形体姿态的柔美和高雅气质；展示集体动作的整齐划一、巧妙变化及合作精神，表现主题和意境。在表演动作中，可编入较为复杂的队形和图案，以满足人们审美的心理情趣。表演者情绪饱满气氛热烈，更注重艺术效果，给观众以艺术享受。

表演绳操动作的编排特点如下。

（1）表演动作与表演形式。

表演绳操中的身体动作除一般的健身绳操徒手和简单步法动作之外，可吸收更多的现代舞、民族舞、健身舞蹈、街舞、体育舞蹈、武术和体操的动作。

除各种色彩分明的绳具外，若持小型道具表演可使用一般的表演器械，还可使用色彩艳丽的纱巾、扇子、彩球，能发出声响的铃鼓，发光（或火焰）的火棒，以及加宽的彩带。

表演绳操多以集体的形式出现，也称集体自编舞，有大型集体自编舞和小型集体自编舞两种，人数可多可少，少至4~8人，多至几十、上百人。动作可个人、双人和多人配合进行，结合队形变化，产生艺术效果。可手持小型道具，也可持双扇、双旗、双带等进行表演。表演的组织可逐项依次出场，也可不同项目（绳具，器械）同场同步进行、依次进行、轮流进行或合作表演，形成五彩缤纷的画面。

（2）表演的音乐伴奏。

表演绳操动作的时间长短无一定限制，但一般比教学成套动作长，表演动作的音乐伴奏更加灵活，只要符合表演绳操的表现形式和动作特点，旋律优美、节奏感强的乐曲均可作为伴奏音乐。一般选择长度适宜、结构完整、具有较强艺术感染力的乐曲，也可通过表演者击掌、招手、表情、跺脚等形式强化表演效果。

（3）表演服装。

表演绳操一般应穿着色彩和谐、式样鲜明统一，有助于显示身体曲线便于运动的服装。例如，紧身衣、短裤等均可。服装和器械的色彩在动作、队形变化中交相有丰富表现力的流动立体画面，从而散发强劲的艺术感染力。

2. 表演绳操的空间表现

（1）表演绳操的空间运动线，可分为斜线（对角线）、竖线（纵线）、横线（平行线）、圆线（弧线）、曲折线（迂回线）5种。

斜线：一般表现有力地推进，并有延续和纵深感，擅长表现开放性和运动性的动作。能够抒发人物豪情满怀、勇往直前和明朗、乐观等情感。

竖线：径直向前的竖线，具有强劲的动势，可以使观众产生直接逼来的紧迫感和压力感，擅长表现那些正面前进的舞蹈。

横线：一般表现缓和、稳定、平静自如的情绪。

圆线：一般给人以柔和、流畅、匀称和延绵不断的感觉。

曲折线：一般给人以活泼、跳脱和游动不定的感觉。

以上5种空间运动线的基本特征，由于不同的节奏、不同的速度变化处理，表现不同的情绪，得到不同的艺术效果。

（2）表演绳操画面造型，一般可分为方形、三角形、圆弧形、梯形、菱形等基本图形。一般来说，方形给人以稳定严整之感；三角形（鼎立）给人以有力、锐进之感；圆弧形（扇面）给人以流畅、开阔之感；梯形多用于对称平衡，给人以肃穆、威严之感；菱形给人以流动活泼之感。例如，方形空间画面主要运用在集体自编舞中。画面的构图多样化，是表演绳操形式美的一个重要方面，可大致分为方形、三角形、圆弧形、梯形、菱形等基本图形。它们各具特色、各有特性。有些表演中利用表演道具和各种基本图形组成具有一定形象的象征性的队形画面。

3. 表演动作的编排步骤

（1）总体构思。

根据表演的目的、任务、时间长短、场地条件及特殊要求，确定表演动作的主题、意境、风格。表演动作可单一性地采用徒手动作或某种小型道具动作，也可将徒手和各种绳具动作串编成连续进行的大套综合性健身舞蹈表演动作。在构思中还需要重视入场、退场动作的设计，使整个表演结构完整、连贯流畅。

（2）选择音乐。

根据表演所要求的时间长度以及总体构思形成的框架，选择长度适宜、旋律节奏符合表演情绪气氛的音乐。这种音乐最好是一个完整的乐曲，或者是一部大型音乐作品中的一段。如果是综合性的大套表演动作，需将几个乐曲按表演内容的总体结构和各段的长度剪接成协调连贯、流畅的一组乐曲。

（3）创编表演动作。

按照总体构思和音乐的旋律、节奏特点以及节拍长度进行具体动作的创编。

① 划分段落：确定每段的表演气氛核心动作、主体队形、节拍长度。

② 分段编排：创编以核心动作为中心的联合动作，确定联合动作之间的连接顺序及连接方法、队形和移动的方法，落实每位表演者移动的路线与方法、每个动作占用的节拍数。在创编集体动作时要追求表演效果，把动作和队形表演的最佳面对着观众，以小变化求大效果。

③ 串联成套：在分段编排的基础上，按整体结构的需要把分段串联成有开始动作、中间变化和结尾动作的完整成套表演动作。在串联中要把表现人与器械运动美的动力性动作和表现造型美的静止姿态，以及装饰性器械动作交织在一起，形成刚柔相济、快慢相间、高低起伏的强烈对比，产生热烈的表演气氛，带给观众回味无穷的美的享受。

④ 修饰加工：对编排好的表演绳操的动作进行审视，从增加表演的艺术性、观赏性以及娱乐性角度，对全套动作进行裁剪、美化修饰加工，使其更加完美。

第六节　校园绳操创编案例

校园绳操是校园跳绳教学成果和个人能力的一个基本测试和展现，通过校园绳操的教学与练习可以让学生真正了解跳绳运动的基本技能，牢牢掌握跳绳动作知识，本节主要介绍不同学龄段的青少年校园绳操案例。

一、幼儿绳操

（一）简介

本套动作是针对幼儿跳绳进行创编的绳操，根据幼儿跳绳的易错点和身体发育规律，充分锻炼幼儿摇跳的能力。

图5-1　幼儿绳操

119

（二）动作设计

表5-1　幼儿绳操动作顺序表

节次	第一个八拍	第二个八拍	第三个八拍	第四个八拍
预备节	绳子对折两次拿在手上，提踵（四拍）			
第一节	侧勾脚，屈臂	侧勾脚，屈臂	跨立，挥臂	跨立，挥臂
第二节	侧并步，屈臂上举	侧并步，屈臂上举	原地转圈	绳子放于地上，双手叉腰
第三节	绳子前后跳	跑步+"呐喊"手势	绳子前后跳	跑步+双臂前伸
第四节	前勾脚，手臂侧、前举	前勾脚，手臂侧、前举	原地转圈	拿起绳子
第五节	踏步，"红旗飘飘"	踏步，"红旗飘飘"	原地转圈	解开绳子
第六节	双手持绳右侧甩	双手持绳左侧甩	踩绳过	踩绳过
第七节	基本跳	基本跳	十字绳花	原地转圈

（三）动作说明

1. 预备节

预备节主要是准备姿势，准备姿势共2个八拍+1/2个八拍。2个八拍主要把绳子对折2次拿在手上。1/2个八拍主要是提踵。

2. 第一节

本节由基本步法+手部动作组成，每组动作2个八拍。

第一个八拍：侧勾脚，屈臂收绳子1×8。

1：右脚向斜前方伸出并勾脚尖，双手屈臂收绳子。

2：恢复立正姿势。

3：左脚向斜前方伸出并勾脚尖，双手屈臂收绳子。

4：恢复立正姿势。

5：右脚向斜前方伸出并勾脚尖，双手屈臂收绳子。

6：恢复立正姿势。

7：左脚向斜前方伸出并勾脚尖，双手屈臂收绳子。

8：恢复立正姿势。

第二个八拍：侧勾脚，屈臂收绳子1×8。

第三个八拍：跨立，手臂"上挥臂"1×8。

1：右脚向右侧跨立，手臂在头顶挥臂。

2：恢复立正姿势。

3：左脚向左侧跨立，手臂在头顶挥臂。

4：恢复立正姿势。

5：右脚向右侧跨立，手臂在头顶挥臂。

6：恢复立正姿势。

7：坐脚向左侧跨立，手臂在头顶挥臂。

8：恢复立正姿势。

第四个八拍：跨立，手臂"上挥臂"1×8。

3. 第二节

第一个八拍：侧并步，屈臂上举1×8。

1：右脚向侧面打开，手臂向上举。

2：左脚并右脚，手臂下拉至胸前。

3：左脚向侧面打开，手臂向上举。

4：右脚并左脚，手臂下拉至胸前。

5：右脚向侧面打开，手臂向上举。

6：左脚并右脚，手臂下拉至胸前。

7：左脚向侧面打开，手臂向上举。

8：右脚并左脚，手臂下拉至胸前。

第二个八拍：侧并步，屈臂上举1×8。

第三个八拍：绳子举于胸前，原地转圈1×8。

第四个八拍：绳子放于地上，双手叉腰1×8。

1~2：双手将绳子放于地上。

3~4：双手叉腰准备。

5~8：提踵。

4. 第三节

本节由基本步法+手部动作组成，每组动作一个八拍，重复两次。

第一个八拍：绳子前后跳1×8。

1~2：双脚跳到绳子前方。

3~4：双脚跳到绳子前方。

5~6：双脚跳到绳子前方。

7~8：双脚跳到绳子前方。

第二个八拍：跑步姿势+侧跨步，"呐喊"手势1×8。

1~4：跑步姿势。

5~6：侧跨步。

7~8："呐喊"手势。

第三个八拍：绳子前后跳1×8。

第四个八拍：跑步姿势+立正，双臂前伸1×8。

1~4：跑步姿势。

5~6：立正姿势。

7～8：双臂前伸。

5. 第四节

第一个八拍：前勾脚，手臂侧、前举1×8。

1：右脚向前勾脚尖，左手臂前平举，右手臂侧平举。

2：恢复立正姿势。

3：左脚向前勾脚尖，右手臂前平举，左手臂侧平举。

4：恢复立正姿势。

5：右脚向前勾脚尖，左手臂前平举，右手臂侧平举。

6：恢复立正姿势。

7～8：左手叉腰，右手握拳"加油"。

第二个八拍：前勾脚，手臂侧、前举。

1：右脚向前勾脚尖，左手臂前平举，右手臂侧平举。

2：恢复立正姿势。

3：左脚向前勾脚尖，右手臂前平举，左手臂侧平举。

4：恢复立正姿势。

5：右脚向前勾脚尖，左手臂前平举，右手臂侧平举。

6：恢复立正姿势。

7：左脚向前勾脚尖，右手臂前平举，左手臂侧平举。

8：恢复立正姿势。

第三个八拍：跑步姿势原地转圈1×8。

第四个八拍：拿起绳子1×8。

6. 第五节

第一个八拍：踏步，"红旗飘飘"1×8。

1～2：踏步，手臂前平举。

3~4：踏步，手臂上举。

5~6：踏步，手臂右侧平举。

7~8：踏步，手臂放于大腿前侧。

第二个八拍：踏步，"红旗飘飘"1×8。

1~2：踏步，手臂前平举。

3~4：踏步，手臂上举。

5~6：踏步，手臂左侧平举。

7~8：踏步，手臂放于大腿前侧。

第三个八拍：原地转圈1×8。

第四个八拍：解开绳子，提踵准备1×8。

7. 第六节

本节由侧甩绳、踩绳过两个动作组成，每组动作2个八拍。

第一个八拍：双手持绳，在右侧甩绳1×8。

第二个八拍：双手持绳，在左侧甩绳1×8。

第三个八拍：踩绳过1×8。

1~2：绳子摇至前方，用脚踩住。

3~4：双脚往前走，松开绳子。

5~6：绳子摇至前方，用脚踩住。

7~8：双脚往前走，松开绳子。

第四个八拍：踩绳过1×8。

8. 第七节

本节由基本跳、十字绳花两个动作组成。

第一个八拍：基本跳1×8。

第二个八拍：基本跳1×8。

第三个八拍：十字绳花1×8。

1～2：绳子摇至前方。

3～4：摇绳交叉搭手。

5～6：成蝴蝶造型。

7～8：举于胸前。

第四个八拍：原地转圈1×8。

9. 结束拍

1～4：向上跳跃举绳，落下时两脚分开站立，结束定型。

二、中小学绳操

（一）简介

本套动作是针对中小学生创编的一套集体绳操，绳操内容包含短绳、两人一绳、单长绳元素，充分锻炼学生身体协调性和团队配合的精神。

图5-2　中小学绳操

（二）动作设计

表5-2　中小学绳操动作顺序表

节次	第一个八拍	第二个八拍	第三个八拍	第四个八拍
预备节	2个八拍			
第一节	侧摆绳	侧摆跳	开合跳	开合弓步跳
第二节	提膝跳	转身跳（左）	提膝侧点跳	转身跳（右）
停顿节	手腕缠绕（1/2个八拍）			
第三节	基本跳	两弹一跳	开合交叉跳	两弹一跳
第四节	交叉跳	钟摆跳	俯卧撑跳	腿部缠绕
转换节	接绳站位（2个八拍）			
第一节	头顶摇绳	抬腿换手	转身跳（右）	转身跳（左）
第二节	右边进绳跳	左边进绳跳	左右一起跳	踩绳
转换节	两人拿长绳（1/2个八拍）			
第一节	面对面站立	摇绳进绳	开合跳	提膝跳
第二节	转身跳	换接绳	俯卧撑跳	侧滑步
第三节	换位	弓步跳	换位	踩绳

（表格左侧竖排标注：短绳＋两人一绳＋单长绳）

（三）动作说明

1. 预备节

预备节主要是准备姿势，共2个八拍。均为立正动作。

2. 第一节

本节由侧摆绳、侧摆跳、开合跳、开合弓步跳4个动作组成，每组动作一个八拍。

第一个八拍：侧摆绳1×8。

从右边侧摆开始，依次侧摆绳，单拍在右，双拍换左。

第二个八拍：侧摆跳1×8。

从右边侧摆开始，侧摆两次跳两次。

第三个八拍：开合跳1×8。

先开再合，单拍开，双拍合。

第四个八拍：开合弓步跳1×8。

1～2：开合。

3～4：弓步（右）。

5～6：开合。

7～8：弓步（左）。

3. 第二节

本节由提膝跳、转身跳（左）、提膝侧点跳、转身跳（右）4个动作组成，每组动作一个八拍。

第一个八拍：提膝跳1×8。

从右脚提膝开始，再换左脚提膝动作，两脚轮换两次。

第二个八拍：转身跳（左）1×8。

1～4：基本跳四次。

5～6：向左转身。

7～8：基本跳两次。

第三个八拍：提膝侧点跳1×8。

从右脚开始提膝侧点，再换左脚动作，两脚轮换一次。

第四个八拍：转身跳（右）1×8。

1～4：基本跳四次。

5～6：向右转身。

7～8：基本跳两次。

4. 停顿节

停顿节是根据音乐变换的停顿点，主要是1/2个八拍，做手腕缠绕动作。

5. 第三节

本节由基本跳、两弹一跳、开合交叉跳、两弹一跳4个动作组成，每组动作一个八拍。

第一个八拍：基本跳1×8。

第二个八拍：两弹一跳1×8。

与基本跳相比有节奏变化，一个八拍完成4次。

第三个八拍：开合交叉跳1×8。

1：双脚打开与肩同宽。

2：双脚交叉，右脚在前。

3：双脚打开与肩同宽。

4：双脚并拢。

5：双脚打开与肩同宽。

6：双脚交叉，左脚在前。

7：双脚打开与肩同宽。

8：双脚并拢。

第四个八拍：两弹一跳1×8。

与基本跳相比有节奏变化，一个八拍完成4次。

6. 第四节

本节由交叉跳、钟摆跳、俯卧撑跳、腿部缠绕4个动作组成，每组动作一个八拍。

第一个八拍：交叉跳1×8。

1~2：基本跳。

3：交叉跳。

4：基本跳。

5～8：重复上面动作一次。

第二个八拍：钟摆跳1×8。

从右边钟摆跳开始，再变为左边，依次轮换，最后一下变为基本跳动作。

第三个八拍：俯卧撑跳1×8。

1～2：基本跳。

3～4：下蹲手撑地。

5～6：两腿向后蹬出并收回。

7～8：基本跳。

第四个八拍：腿部缠绕1×8。

1～2：绳停在身前，右脚踩住绳子中间，两手将绳绷直。

3～4：左脚此时从绳后向前迈一步到绳前。

5～6：左脚向后勾绳一圈回到绳前位置。

7～8：右脚踮起脚尖，右手抬起从头后开始绕圈解绳，解开后右脚跨过绳子，成准备姿势。

7. 转换节

本节为短绳变为两人一绳部分，一人两弹一跳节奏，一人将绳放于旁边，然后去接绳，接绳后两人调整位置，面对面站好，此时绳保持静止。

8. 第一节

本节为两人一绳第一节，由头顶摇绳、抬腿换手、转身跳（右）、转身跳（左）4个动作组成，每组动作一个八拍。

第一个八拍：头顶摇绳1×8。

1～4：摇绳两次。

5～8：手上举，头顶摇绳两次。

第二个八拍：抬腿换手1×8。

1～2：摇绳一次。

3～4：靠近摇绳手的脚抬起，绳经过大腿下方后换手，然后换回摇绳手。

5～6：另一只脚抬起，绳经过大腿下方后换手，然后换回摇绳手。

7～8：摇绳一次。

第三个八拍：转身跳（右）1×8。

1～4：摇绳两次。

5～8：右边人进绳转身跳。

第四个八拍：转身跳（左）1×8。

1～4：摇绳两次。

5～8：左边人进绳转身跳。

9. 第二节

本节为两人一绳第二节，由右边进绳跳、左边进绳跳、左右一起跳、踩绳4个动作组成，每组动作一个八拍。

第一个八拍：右边进绳跳1×8。

1～4：摇绳两次。

5～8：右边进绳跳两次。

第二个八拍：左边进绳跳1×8。

1～4：摇绳两次。

5～8：左边进绳跳两次。

第三个八拍：左右一起跳1×8。

1～4：摇绳两次。

5～8：左右一起跳两次。

第四个八拍：踩绳。

1～4：一起跳两次。

5～8：踩绳定住。

10. 转换节

本节为两人一绳变为单长绳部分，此时两人去拿绳准备。

11. 第一节

本节为单长绳第一节，由面对面站立、摇绳进绳、开合跳、提膝跳4个动作组成，每组动作一个八拍。

第一个八拍：面对面站立1×8。

第二个八拍：摇绳进绳1×8。

1～4：摇绳。

5～8：绳中基本跳。

第三个八拍：开合跳1×8。

第四个八拍：提膝跳1×8。

12. 第二节

本节为单长绳第二节，由转身跳、换接绳、俯卧撑跳、侧滑步4个动作组成，每组动作一个八拍。

第一个八拍：转身跳1×8。

1～4：转身跳（右）。

5～8：转身跳（左）。

第二个八拍：换接绳1×8。

1～2：出绳。

3～4：接绳。

5～8：另两人进绳基本跳。

第三个八拍：俯卧撑跳1×8。

1～2：基本跳。

3～4：摇绳者向上头顶摇绳，跳绳者下蹲手撑地。

5～6：摇绳者向上头顶摇绳，跳绳者双腿后蹬并收回。

7～8：摇绳者绳向下回到初始位置摇绳，跳绳者站起并跳过绳子。

第四个八拍：侧滑步1×8。

先向右边侧滑步，再向左边，依次轮换。

13. 第三节

本节为单长绳第三节，由换位、弓步跳、换位、踩绳4个动作组成，每组动作一个八拍。

第一个八拍：换位1×8。

1～4：基本跳。

5～6：摇绳者往前摇绳，跳绳者换位。

7～8：摇绳者绳往回摇，跳绳者跳一次。

第二个八拍：弓步跳1×8。

右脚先开始弓步跳，再换左脚，两脚依次轮换。

第三个八拍：换位1×8。

1～4：基本跳。

5～6：摇绳者往前摇绳，跳绳者换位。

7~8：摇绳者绳往回摇，跳绳者跳一次。

第四个八拍：踩绳。

1~4：基本跳。

5~8：踩绳定住。

三、小型集体自编舞

（一）简介

本套动作是针对中小学生创编的一套小型集体自编表演绳操，内容包含短绳、两人一绳、单长绳和交互绳元素，充分锻炼学生身体协调性和团队配合的精神，同时展现花样跳绳的艺术性和娱乐性，让学生充分感受到跳绳的多样性和乐趣。

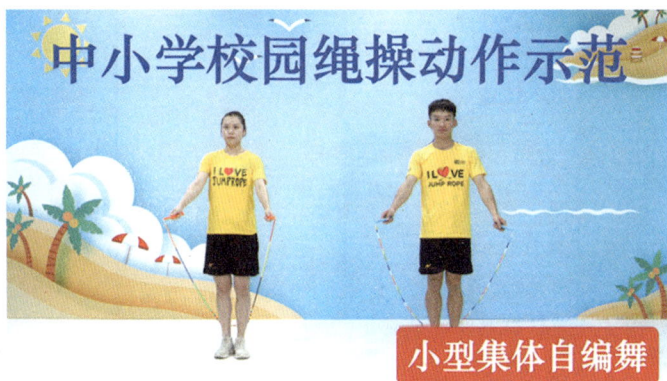

图5-3　小型集体自编舞

（二）动作设计

表5-3 小型集体自编舞动作顺序表

节次	第一个八拍	第二个八拍	第三个八拍	第四个八拍
预备节	1个八拍			
第一节	侧摆	并脚跳	侧摆跳	双脚轮换跳
第二节	两拍一动侧摆	两拍一动并脚跳	两拍一动侧摆跳	并脚跳节奏变化
第三节	开合跳	弓步跳	提膝跳	钟摆跳
第四节	金蝉脱壳	俯卧撑	–	–
第五节	交叉跳	转身跳	手腕缠绕	十字绳花

（短绳）

节次	第一个八拍	第二个八拍	第三个八拍	第四个八拍
第一节	拿绳	基本摇绳	左边跳	右边跳
第二节	一起跳	转身	绳中绳	开合弓步
第三节	转身	–	–	–
第四节	两人拿交互绳	交互绳基本摇绳	穿绳互动第5、6拍出绳	穿绳互动第5、6拍出绳
第五节	开合跳+开合交叉跳	换接绳	提膝踢腿跳	换接绳
第六节	Shuffle	单绳	Shuffle+单绳	换接绳
第七节	俯卧撑	双飞	准备速度	速度
第八节	大车轮	大车轮	接绳	双飞结尾

（两人一绳+单长绳+交互绳）

备注："–"表示无任何动作，也不做停顿，衔接下一节。

（三）动作说明

• 第一部分：短绳 •

短绳总共6节动作，包括预备节。预备节1个八拍，前三节每节4个八拍，第四节2个八拍，第五节4个八拍，共计19个八拍。

1. 第一节

本节主要由侧摆动作、并脚跳以及双脚轮换跳组成，均为跳绳中最常见的动作，相对简单、容易上手。

第一个八拍：侧摆。

1～8：第1、3、5、7拍侧摆右边，第2、4、6、8拍侧摆左边。

第二个八拍：并脚跳。

2～8：原地并脚跳。

第三个八拍：侧摆跳。

第1、2拍侧摆，第3、4拍并脚跳，第5、6、7、8拍重复第1、2、3、4拍动作，先侧摆右边再侧摆左边。

第四个八拍：双脚轮换跳。

4～8：双脚轮换跳，先右脚落地，然后左脚落地，双脚交替，第8拍并脚跳。

2. 第二节

本节主要为侧摆跳和并脚跳的节奏变化，动作简单，节奏有些许变化，需要加强练习。

第一个八拍：两拍一动侧摆。

1～8：第1、3、5、7拍绳子打地做侧摆，第2、4、6、8拍绳子在空中。

第二个八拍：两拍一动并脚跳。

2～8：第1、3、5、7拍绳子过脚做并脚跳，第2、4、6、8拍绳子在空中。

第三个八拍：两拍一动侧摆跳。

3～8：前4拍做两次侧摆，后4拍做2次并脚跳。

第四个八拍：并脚跳节奏变化。

4～8：第1、2拍原地并脚跳，第3、4拍一次两弹一跳，第5、6拍两次并脚跳，第7、8拍一次两弹一跳。

3. 第三节

本节主要为4个步伐动作，分别是开合跳、弓步跳、提膝跳、钟摆跳。

第一个八拍：开合跳。

1～8：第1、3、5、7拍脚上做"开"这个动作，第2、4、6、8拍做"合"这个动作。

第二个八拍：弓步跳。

2～8：第1拍右脚在前做弓步，第2拍并脚跳，第3拍左脚在前做弓步，第4拍并脚跳。后4拍和前4拍相同。

第三个八拍：提膝跳。

3～8：第1拍提右脚，第2拍并脚跳，第3拍提左脚，第4拍并脚跳。后4拍与前4拍相同。

第四个八拍：钟摆跳。

4～8：第1、3、5、7拍往右跳，第2、4、6拍往左跳，第8拍并脚跳。

4. 第四节

一个缠绕动作和一个力量动作，用来休息，放松。分别是金蝉脱壳和俯卧撑。

第一个八拍：金蝉脱壳。

1~8：第1拍右脚往前迈，抬起脚尖；第2拍绳子从后面摇到前面，踩住绳子；第3拍左脚从两个绳子中间迈过去；第4拍左脚往左边移；5、6拍勾左脚，将绳子缠在左脚上；7、8拍右手从背后顺时针绕一圈解开绳子。

第二个八拍：俯卧撑。

2~8：第1、2拍做一次两弹一跳，第3、4拍绳子放在地上，第5拍伸腿成俯卧撑姿势，第6拍收腿，第7、8拍做一次两弹一跳。

5. 第五节

本节为4个难度级别较高的动作，分别是交叉跳、转身跳、手腕缠绕和十字绳花。

第一个八拍：交叉跳。

1~8：第3拍和第7拍做交叉，其余做基本跳。

第二个八拍：转身跳。

2~8：前4拍做两次两拍一动，第5、6拍原地做一次转身，第7、8拍并脚跳。

第三个八拍：手腕缠绕。

3~8：第1、2拍将绳子缠在右手上，第3、4拍解开，第5、6、7、8拍重复第1、2、3、4拍的动作。

第四个八拍：十字绳花。

4~8：第1、2拍做一次两弹一跳；第3、4拍蹲下，右脚后撤；

第5、6拍手上做成十字绳花；第7、8拍起立。

• 第二部分：两人一绳 •

两人一绳总共6个八拍，分别为拿绳、摇绳、左边跳、右边跳、同时跳、转身。

1～8：原地拿绳。

2～8：第1、2、3、4拍准备摇绳，第5、6、7、8拍开始摇绳，两拍一动，总共摇两次。

3～8：第1、2、3、4拍基本摇绳，第5、6、7、8拍左边的人跳两次。

4～8：第1、2、3、4拍基本摇绳，第5、6、7、8拍右边的人跳两次。

5～8：第1、2、3、4拍基本摇绳，第5、6、7、8拍两人同时跳两次。

6～8：第1、2、3、4拍基本摇绳，第5、6拍转身，第7、8拍摇绳。

• 第三部分：绳中绳 •

绳中绳总共3个八拍，分别是基本跳、步伐跳，步伐跳包括开合跳、弓步跳以及转身跳。

1～8：第1、2拍进绳，第3、4、5、6、7、8拍做三次两弹一跳。

2～8：第1、2拍做开合跳，第3、4拍做右脚弓步跳，第5、6拍做开合跳，第7、8拍做左脚弓步跳。

3～8：第1、2、3、4拍原地做两次并脚跳，第5、6拍向左做转身跳，第7、8拍原地一次两弹一跳。

• 第四部分：交互绳 •

交互绳总共5节，每节4个八拍，共计20个八拍。

第一节：摇绳加互动

1～8：拿绳。

2～8：原地摇绳。

3～8：第1、2拍进绳，第3、4拍基本跳，第5、6拍出绳。

4～8：第1、2拍进绳，第3、4拍基本跳，第5、6拍出绳。

第二节：步伐跳加换接绳

1～8：上一个八拍的第7、8拍进绳，这个八拍的第1、2、3、4拍做开合跳，第5、6、7、8拍做开合交叉跳。

2～8：第1、2、3、4拍做4次并脚跳，第5、6拍换接绳，第7、8拍下一个人进绳。

3～8：第1、2、3、4拍做提膝跳，第5、6、7、8拍做提膝踢腿跳。

4～8：第1、2、3、4拍做4次并脚跳，第5、6拍换接绳，第7、8拍基本摇绳。

第三节：特殊摇绳

1～8：第1、2拍进绳，第3、4拍Shuffle摇绳（单侧摇绳），第5、6拍基本跳，第7、8拍单侧摇绳。

2～8：第1、2拍原地摇绳，第3、4、5、6拍两次单绳。

3～8：第1、2、3、4拍两次Shuffle摇绳，第5、6拍基本摇绳，第7、8拍单绳。

4～8：第1、2、3、4拍两次并脚跳，第5、6拍换接绳，第7、8拍下一个人进绳。

第四节：力量、双飞加速度

1～8：第1、2、3、4拍基本摇绳，第5、6、7、8拍向上摇绳，跳绳者原地做俯卧撑。

2～8：第1、2、3、4拍两次并脚跳、第5、6、7、8拍两次双飞摇绳，跳绳者两次原地跳绳。

3～8：第1、2拍并脚跳，第3、4拍出绳，第5、6拍下一个人进绳，第7、8拍准备速度。

4～8：原地速度。

第五节：大车轮加结尾动作

1～8：第1、2拍跳速度者出绳，第3、4、5、6拍拿绳，第7、8拍准备大车轮。

2～8：第1、2、3、4拍大车轮摇绳加跳绳，第5、6、7、8拍并绳。

3～8：第1、2拍出绳，第3、4拍基本摇绳，第5、6拍接绳，第7、8拍摇绳。

4～8：第1、2拍进绳，第3、4拍双飞，第5、6出绳，第7、8拍结尾造型。

第六章

跳绳大课间

在学校体育课堂中，"小绳子，大花样"体现了很多教育者的智慧和经验，跳绳大课间就是很有代表性的一种课间体育活动教学模式，通过跳绳大课间的编排、组织与实施，可以在很好地确保学生安全基础上，展示学生和校园精神风貌，体现当代体育工作者的创新，促进青少年体质健康发展。

第一节　跳绳大课间活动目标

一、运动参与目标

（1）对跳绳运动有基本的认识，培养学生对跳绳的兴趣。

（2）能够向同伴和家人展示学会的简单运动动作。

（3）激发学生的兴趣，能够自觉参与跳绳运动，能够观察和评价同学的动作。

二、运动技能目标

（1）能够按照教师的指挥安全地进行跳绳。

（2）知道所学技术动作的名称，建立初步的空间概念。

（3）熟练掌握基本跳绳方法，并能创新一到两种跳绳的方法。

（4）熟练正确地为其他同学计数，知道如何在运动中避免危险。

三、身心健康目标

（1）通过跳绳上下肢的协调练习，促进学生柔韧、反应、协调等素质的发展。

（2）能够在跳绳中充分地展示自我并表现出较高的积极性，敢于挑战。

（3）学会团队合作，乐于分享成果。

第二节　跳绳大课间创编过程

创编的过程是指创编的先后步骤及流程。有序地进行这些步骤，可以提高创编的效率及质量，同时有利于我们对其结构和形式进行分析，以便于下一步的修改工作。

一、明确创编的目的、任务和参与者的基本情况

创编的第一步应当是制定目标。首先要明确为什么创编，是为了比赛、教学还是健身？对象是什么年龄，什么水平？具体目的又是什么？

二、动作的选择与确定

当目标确定后，就可以从自己的素材库中选择一些适合目标的动作。动作素材的收集是创编的前提之一，主要靠平时的学习与积累，只有拥有大量的动作素材，才能编排出丰富多样的套路。动作素材的收集通常可以通过观看一些比赛、表演的录像而得；也可以在日常生活中，通过细心地观察，捕捉一些有趣、有意义的动作，继而提炼、加工而得；还可以通过创编者亲身体验各种项目，从中

借鉴而得。

常用的跳绳步伐有踏步、后踢腿跑、踢腿跳、吸腿跳、弹踢腿跳、弓步跳、开合跳及这些步伐的变形等，而手臂动作不乏举、振、屈、伸、摆、绕环等。此外，要注意上下肢的动作安排一般遵循上肢复杂、下肢简单或下肢复杂、上肢简单的原则，还要注意头部、上肢、躯干、下肢动作的协调配合。

动作的选择往往也不是一次性的，而是要根据学习者的情况随时更正，不断选择，从而达到完美。

三、音乐的选择与剪辑

音乐在跳绳大课间中可以说是不可缺少的部分，能激发练习者的好奇心和学习热情，因此，为一套跳绳大课间选配最好的乐曲，也是编排者应该重视的一个问题。

首先，它应该节奏鲜明、热烈、具有蓬勃向上的精神。其次，要根据对象选择音乐的风格，不能千篇一律用固定节奏音乐。儿童、青少年可选用儿歌作为主要旋律；青少年的选择余地较大，传统的迪斯科、现代的拉丁、古典的芭蕾都可以是选择的范围；最后，要根据成套动作的风格来选取音乐的风格和基调。

音乐的选配一般有三种方法：一是先选乐曲，然后按照音乐的节奏、特点、风格及音乐的段落来设计动作；二是先编好动作，再根据动作的节奏、风格等来选配音乐；三是先编动作，后选乐曲，但这种方法不可避免地会出现动作与音乐旋律不符的状况，因此，后选乐曲一般需要剪接。

选定音乐后，要反复聆听，同时，划分音乐的段落，思考如何使这些段落衔接与过渡，如何衔接自然、流畅、有特点。如果音乐与成套动作的节奏、速度、风格等基本一致或转换过渡自然流畅，就选定该曲；如果有部分一致，则可选定该段，作为剪接的素材。

选定一首或多首音乐后，就该对音乐进行剪接与编辑了。无论哪种剪接都应注意剪接部位要放在乐曲有停顿处或结尾处，这样效果会比较好。两首或多首乐曲的剪接，其速度和旋律要相同或相似，以免出现不自然、不流畅的现象。此外，若表演或比赛需要，可以适当加入一些音乐效果，以增强艺术感，提高动作的表现力。

第三节　跳绳大课间活动案例

一、活动时间

30分钟。

二、活动强度

中高强度。

三、活动要求

（1）人手一根短绳。

（2）按班级划分区域，保证足够大的场地。

（3）整个活动配以音乐，按活动流程搭配适合的音乐，学生根据音乐变化不同和音乐指令进行不同动作的练习。

四、活动流程

1. 准备部分（3～5分钟）

班级整队，室外站队，准备进行大课间活动。

2. 基本部分（20～25分钟）

教师播放音乐，全程跟音乐进行或体育教师领操指挥进行。大课间活动内容：

跳绳大课间活动内容方案

整理器材，请同学们将绳子斜背于腰间，准备开始。

第一节：准备运动（4分钟）

（1）预备节：原地踏步4个八拍。

（2）头部运动：8个八拍。

（3）扩胸运动：8个八拍。

（4）体转运动：8个八拍。

（5）弓步压腿：8个八拍。

（6）换腿：8个八拍。

（7）膝关节运动：8个八拍。

（8）踝关节运动：4个八拍；换脚4个八拍。

（9）整理运动：原地踏步。

同学们，太棒啦！请将绳子横放于地面，下面进行第二节运动。

第二节：徒手跳跃（4分钟）tabata音乐

（1）跨绳跳。

（2）前后跳。

（3）左右跳。

（4）开合跳。

（5）弓步跳。

（6）高抬腿。

（7）后踢腿。

（8）立卧撑。

小朋友们，非常厉害！接下来请拿起绳子，我们开始跳绳啦！

第三节：速度跳绳（30秒）

每人找一个搭档，一人跳绳一人数，看谁跳得多，看谁数得准。

第一组，做好准备；第二组，做好准备。

第四节：花样跳绳（4分钟）tabata音乐，速度节奏135左右

（1）侧摆绳。

（2）铃跳。

（3）滑雪跳。

（4）开合跳。

（5）弓步跳。

（6）缠手腕。

（7）弹踢腿。

（8）风火轮。

第五节：双人跳绳（1分钟）（边跳边数结束后记录次数）

第六节：整理运动（2分钟）

（1）手腕脚踝转动（静夜思）。

（2）腿部拉伸（锄禾日当午）。

（3）腹背运动（春眠不觉晓）。

（4）肩部+头部转动（红豆生南国）。

拓展备用：双人花样跳绳（团队合作能力及默契度）

（1）你摇我跳。

（2）你摇我跳（换人）。

（3）轮流跳绳。

（4）同摇同跳。

3. 结束部分（3～5分钟）

活动结束，整理队形，有序退场。

第七章

校园跳绳赛事组织

　　良好的跳绳赛事组织可以激发学生参与跳绳运动的热情，扩大跳绳运动人员规模，更可以以赛促练，巩固学生的跳绳运动技能，而校园跳绳赛事组织是否完善、完备，将直接影响比赛的顺利进行和比赛质量。因此，对跳绳赛事的组织工作要高度重视，力求做到计划周密、组织有力、保障到位、措施标配、有的放矢、杜绝投机。

第一节　跳绳赛事活动的准备

一、成立相关的赛事委员会

1. 成立筹备委员会

校园跳绳赛事的组织，应事先成立筹备委员会，负责与学校党委或者相关主管部门的日常联络。根据赛事举办时间，提前2个月落实工作人员、裁判员、参赛队的场地，由筹备委员会提供赛事规程所需要的相关信息（如报到地点、比赛地点、联系人等）提交学校党委报备并拟定竞赛规程。

2. 组织委员会

（1）根据所举办比赛的性质和级别，组织委员会由学校党委、体育组、教务处、学工处、后勤处等有关部门人员组成。

（2）承办部门应组织提供合格的赛事筹备、组织和执行人员队伍，提出建议人员名单后，由筹备委员会复核。

（3）组委会领导机构一般可设以下职位：名誉主任、主任、执行主任（常务副主任）、副主任、秘书长、常务副秘书长、副秘书长、委员等。

（4）组委会可根据工作需要设置执行机构，一般可包括综合协

调部、竞赛部、宣传部、后勤保障部、安全保障和医疗救助部、外联部等。（注：具体机构设置由承办部门根据客观情况灵活掌握）

① 综合协调部职责。

贯彻组委会的指示和决定，协调各部门工作，安排赛事活动日期，组织开、闭幕式，提交组织委员会或者主管部门所需要的相关信息。

② 竞赛部职责。

制定比赛日程，编排秩序册，组织裁判员学习，召集领队和教练员会议，传达比赛有关事项，审查比赛队伍和参赛学生资格。

③ 宣传部职责。

落实宣传报道的途径，对接宣传媒体人员，组织宣传报道材料，布置会场和会标。

④ 后勤保障部职责。

安排膳食、交通、财物、采购等工作。

⑤ 安全保障和医疗救助部职责。

维护比赛场地秩序和大会食、宿、行、医疗等方面的安全。

⑥ 外联部职责。

负责赛事的赞助执行、对外联系等工作。

3. 比赛运行团队

（1）学校赛事组织委员会应根据年度赛事规划、具体赛事情况等，组织赛事执行团队或委托赛事运营公司，配合学校作为赛事的运营方，负责与各比赛承接部门或教学组协调、沟通、指导各项工作。

（2）学校赛事组织委员会根据工作需要和比赛规模选调比赛

运行团队，一般包括：赛事协调小组（执行运营方）工作人员2至4人，技术代表1人、技术官员（即裁判员）10人左右，随行媒体3人左右。根据比赛的规模，人员规模将在上述基础上进行适当的调整。

（3）设立竞赛委员会，如仲裁委员会（主任1人，委员2或4人，由相关协会或组织委员会选派）、裁判委员会（裁判长1人、选调裁判若干名），仲裁委员会和裁判委员会的具体人数视规模确定。

二、选调技术官员及工作人员

1. 选调技术官员

由跳绳协会或组织委员会选调的技术官员包括：仲裁、裁判长、裁判员等。将上述人员身份、性别、行程（包括到站时间、车次等）、返程票预定需求、房间安排需求、证件和参赛物品发放清单等信息提交组委会。组委会接待部门根据上述信息安排这部分人员的接待和服务保障工作。

报销和津贴发放：

（1）外部人员按照赛事合同约定统一安排技术官员和工作人员的交通费报销和津贴发放，内部人员自行沟通组织。

（2）报销可采用"来程费用×2"或者"实报实销"的方式，应提前与技术代表商定报销方式和细节，充分考虑各种情况，兼顾各种情况下报销申请人的合理费用。

2. 选调工作人员

组织委员会选调的外部工作人员包括综合协调部工作人员、志愿者等。协会将上述人员身份、性别、房间安排需求、证件和参赛物品发放清单等信息提交组委会。组委会接待部门根据上述信息安排这部分人员的接待和服务保障工作。选调内部人员合理进行安排组织即可。

报销和津贴发放：

（1）按照赛事合同约定统一安排工作人员的交通费报销和津贴发放。

（2）报销可采用"实报实销"的方式，充分考虑各种情况，兼顾各种情况下报销申请人的合理费用。

三、制定比赛规程

1. 赛事基本信息

基本信息包括：比赛名称、日期、地点，主办、承办、协办单位，以及参加比赛单位的范围等。

2. 参加办法

明确参加队数、人数和运动员年龄、性别、身体状况等资格规定，以及报名截止日期、填写报名单要求、报名信息送达途径、联系人通信地址（包括邮编、电话）、各参赛队报名须注意的事项等。

3. 竞赛办法

确定比赛所采用的比赛方法以及所执行的规则、使用的比赛器材和比赛中的特殊要求。

4. 奖励办法

包括竞赛的录取名额、奖励形式和内容。其中，要在规程中说明体育道德风尚奖队伍、个人、优秀裁判员的评选比例和奖励办法。

5. 仲裁和裁判员

包括仲裁和裁判长人选、裁判员的数量、选派条件、聘请办法、报到时间、服装、经费补贴等事项。

6. 其他

（1）注明未尽事宜的处理办法或规程解释权所属单位。

（2）在竞赛规程的下发、传达过程中，赛事承办单位可协调当地的其他相关部门以文件或公函的形式加发执行通知。

四、接收报名

1. 报名方式

采取线上或线下的报名方式。

2. 报名流程

线上：在赛会报名系统开通账号→填写个人基本信息→填写赛事报名信息→报名成功。

线下：各班级主任负责统计上报至竞赛部。

3. 报名更改

（1）在报名系统关闭前或截止报名日期前：要求更改运动员或有关人员名单，可以随时更改。

（2）在系统及报名日期截止后，秩序册编排前：要求更改运动员或有关人员名单，须由参加班级主任提出书面申请。

（3）在系统关闭后秩序册编排后：不处理申请变更。

五、抽签与编排

1. 抽签

抽签工作由竞赛组和裁判组组织完成，原则上是由每个队派一名代表进行抽签，如果条件不允许，可由竞赛组安排人员代为抽签。抽签工作要进行得科学、合理、公正、准确，并认真做好有关记录。必要时可将抽签结果告知各参赛单位。

2. 编排

编排应根据竞赛规程中规定的日期、时间、场地等条件进行。

编排工作的基本原则：

（1）对参赛各队做到机遇均等、公平竞争。

（2）保证运动员有合理的休息时间，以便于发挥水平。

（3）要照顾广大观看群众的需要，在场地选择、日程安排、决赛时间等方面应更好地为观众服务。

3. 其他

在抽签和编排或者单独编排的过程中，如果报名情况与竞赛规程规定的内容差距过大，无法按竞赛规程的规定制订比赛方案时，应及时提出竞赛规程修改方案，报请大会组委会审核后执行。

六、制作秩序册

1. 制作要求

秩序册制作要做到准确、美观、实用。

2. 制作内容

（1）目录。

（2）主办方印发的赛事通知。

（3）竞赛规程。

（4）组委会及大会各工作机构及人员名单。

（5）仲裁委员会、裁判委员会名单。

（6）各参赛队领队及教练员、运动员名单。

（7）大会主要活动安排表。

（8）各队人数统计表、竞赛日程表、成绩表等。

（9）其他：

① 大会注意事项、作息时间、场地平面图、场地练习表等。

② 封面、封底设计应主题鲜明，体现赛事承办的特色和赛事主要信息。

③ 赛事如有市场商业赞助、特别鸣谢单位，应单独列出。

④ 相关主管的跳绳协会或者主管部门要求的其他内容，如有要求应根据版面分布予以列出。

七、工作人员培训

1. 裁判员

进一步强调裁判员在竞赛工作中的作用，向裁判员提出具体、严格的职业要求；介绍大会日程和生活安排；介绍规程中有关各项规定及补充规定；组织裁判员业务学习，讨论裁判工作细则并进行分工和临场实习，统一裁判规则。

2. 志愿者

（1）通用知识培训：赛事基本信息、竞赛项目知识、筹备、组织、服务赛事需要的其他基本知识和规范要求。

（2）专项业务知识培训：主要是按照志愿者确定的分类，针对不同岗位的工作需要，进行专业知识和技能方面的培训。

（3）场地知识培训：围绕竞赛场地的区域功能、设施、工作团队、汇报机制、紧急情况处理等工作开展相关培训。

（4）岗位技能培训：针对赛事每个具体岗位进行岗位职责、工作流程、服务要求、注意事项等方面进行培训。

（5）团队管理能力培训：志愿者骨干接受该项培训。主要进行组织管理、团队建设、小组激励、危机处理等能力培训。

3. 外勤人员

外勤人员的培训主要包括赛事基本情况、工作职责、流程工作的标准、危机处理、紧急情况的汇报程序、业务学习统一标准以及思想教育。

4. 安保人员

赛事的安保人员需要聘用由公安机关备案的正规的安保公司人员，培训的主要内容包括赛事基本情况、工作职责、消防安全基本知识、熟悉赛场消防通道及疏散通道、赛事安保知识、危机处理、实地演习等。

5. 医务人员

医务人员的选用在培训前需要考核完成，对已经选用的医务人员的培训主要包括赛事基本情况、赛事急救流程、应急预案的研讨与制订、急救技能强化、演习等。

八、场地器材准备

1. 场地大小

（1）计数赛场地：5米×5米。

（2）3分钟10人长绳"8"字跳，只要求两名摇绳运动员的间距不小于3.6米。

（3）花样赛场地：12×12米。

（4）小、大型集体自编赛。规定赛场地：不小于15米×15米。

2. 场地规划

（1）正式比赛场地的地面须平整光滑，应为优质运动木地板或跳绳专用塑胶场地，无影响比赛的隐患。

（2）比赛场地四周至少有3米宽的无障碍区，比赛区上空的无障碍空间，从地面至少高4米。

（3）比赛场地界线宽为5厘米，线宽不包括场地内，颜色应与场地有明显区别。

（4）裁判席设在独立的裁判区内。裁判区为比赛场地周围3米区域，离观众席至少2米。裁判区与观众席保持一定距离，互不干扰。

（5）在比赛中允许有一名团队辅助人员在场地顶角1米×1米的指定区域内坐着或蹲下，协助或指导队员更好地发挥水平，但不能影响裁判员执裁工作。

3. 比赛器材

（1）比赛所用全部器材应通过安全审定，并符合竞赛规程的要求。器材的数量应满足赛事的需求。比赛用绳及其他设施须经组委会审定，如有违反，计数赛每出现一次，主裁判在总成绩扣5个；花样赛、集体自编赛、规定赛，每出现一次，按一次大失误计算。

（2）比赛用绳必须达到符合人体安全的环保要求（无毒、无害、无异味），绳体及手柄长短、粗细、颜色、形状、结构、材料和重量不限，也可使用不带手柄的绳具。比赛用绳可做适当修饰，但不得有安全隐患和影响裁判员判断的饰物。

（3）不可使用外部助力器材。在个人绳的比赛中，每名运动员只能使用1根绳子；在车轮跳、交互绳的比赛中，每队只能使用一副（两根）绳子；在集体自编赛中，长度在7米以上的绳子才能算作长绳，上场前由主裁判测量。绳具不符按一次大失误计算。

（4）速度赛提倡使用指定电子计数设备。

第二节　赛中执行工作

一、领导、嘉宾服务

1. 服务要求

（1）要妥善安排重要领导、贵宾、嘉宾和赞助商代表的服务工作，重要领导或贵宾接待工作应制订专项工作方案，明确各项活动时间、地点、主要陪同人员等，制作接待指南。

（2）要妥善安排上述人员的报道接送和参与各项活动的交通。

（3）重要领导或贵宾住宿房间应提前进行检查，确保各项设施正常可用，提前通风，去除异味，配备饮用水等。

2. 服务内容

（1）为上述人员提供参赛资料，包含证件、秩序册、比赛信息等。

（2）安排领导或贵宾参与各项活动，提前与主办方商定担任颁奖嘉宾等事宜。

二、裁判员的使用标准

1. 基本原则

主办方或者承办方应当根据国家和上海市有关裁判员管理规定以及体育赛事的专业性要求，按照公开、公正、择优、中立的原则确定裁判员。

2. 裁判员的等级划分

根据《体育竞赛裁判员管理办法》中规定的内容，跳绳裁判员技术等级分为国际级、国家级、一级、二级、三级5个等级，裁判员须通过相关跳绳协会及以上级别的跳绳协会认证并取得裁判员证书，方可参与跳绳赛事的裁判工作。

3. 各级赛事裁判员选派

表7–1　各级赛事裁判员选派

赛事等级	裁判长	裁判员
全国性赛事	国家级裁判员1名	三级或以上级别裁判员1名/场
市级赛事	一级或以上级别裁判员1名	三级或以上级别裁判员1名/场
自主赛事	三级或以上级别裁判员1名	三级或以上级别裁判员1名/场

三、参赛队报到与服务

1. 参赛队报到

组委会安排专人进行参赛队的报到服务工作并发放资料，报到流程为：

（1）参赛队报到。

（2）根据竞赛规程核查参赛队伍的资格（年龄、地域、保险等）。

（3）签署自愿参赛责任书（每队每人都需要签名）。

（4）收取相关费用。

（5）发放资料：

①秩序册。

②行程时间表。

③证件（领队、运动员、教练员等）。

④有关通知、注意事项等。

2. 安排食宿

根据比赛时间，安排赛事相关成员就餐，绿色安全。

3. 应急处理

（1）对于参赛队报到时出现证件丢失或者忘记携带的情况，工作人员应启动应急处理程序，首先，先履行其他的报到手续；其次，工作人员应将问题报备到组委会备案，责令参赛队在比赛开始前一天将丢失或忘记携带的材料以传真、复印件或者原件等证明材料提交组委会。

（2）关于其他报到时的突发情况出现后，工作人员应第一时间报备组委会，先妥善安排好参赛队的食宿，具体问题可以在赛前联席会中具体解决或办理。

四、赛前联席会议

1. 会场要求

根据规程规定的时间召开观察员培训、志愿者培训、队长会议。组委会需要提前准备好足够容纳参会人员的会议室，会议室需要配备音响、话筒、投影仪、白板及可擦笔等器材。

2. 参会人员

裁判长、仲裁主任、组委会负责人，各参赛队领队、教练。

3. 会议内容

（1）组委会介绍赛事筹备情况、发放秩序册（未领取秩序册单位）、完成参赛资格审查、确认比赛时间和场次（抽签分组）、公布赛事技术说明和判罚原则、公布仲裁条例、其他事项等。

（2）裁判长在教练员联席会议上，应将担任本次比赛的裁判员队伍状况、水平、学习、实习情况，以及本次比赛的注意事项、要求和特殊规定等向各队教练员说明，以取得他们的共识和理解。仲裁组应在联席会议上提出比赛要求和仲裁注意事项等。

（3）协调和处理各个代表队出现的困难或问题。

五、检查比赛场地

1. 检查方法

采用列表排序的方法进行排查。各个办赛单位需要将比赛场地及其涉及的器材和工具列出清单，以备裁判长检查使用。

2. 检查要求

正式比赛前一天下午，场地组应做好全部比赛的准备工作。裁判长应对比赛场地做最后一次检查，其重点是场地布置是否符合要求。另外，对运动员和观众进出的路线、成绩公告栏位置、广播设备完好情况等也要再进行一次检查。发现问题及时进行整改。检查完毕后，采用封场的办法，准备完全进入比赛状态。

六、开幕式

1. 开幕式准备

（1）在开幕式前一天，应确认参加开幕式的领导和嘉宾名单、职务、站位顺序，并提前告知主持人；确认与沟通开幕式宣誓的运动员代表和裁判员代表；确认领导致辞与讲话。

（2）工作人员应提前布置好主席台座席，鲜花和无线麦克或立式麦克数量和位置，并确保告知讲话的领导知晓。主席台上摆放：桌布、领导桌签、秩序册、开幕式议程单、讲话稿、矿泉水或茶水等。另外，要不断确认和落实到场的领导与嘉宾的姓名及具体职务，到达具体时间等。

（3）彩排。根据项目特点进行开幕式彩排，提前选择开幕式各环节需要的音乐，并制订播放音乐的方案，严格按照开幕式的程序进行预演并记录整个程序的时间。

2. 开幕式议程

开幕式可以结合比赛举办地的地域和文化特色，以及当地文化活动、比赛相关的活动等举行，因此，开幕式的议程根据项目的不同会有所不同，但是以下议程是必须包含的内容：

（1）介绍出席领导。

（2）全体肃立，奏唱国歌。

（3）承办方领导致欢迎词。

（4）主办方领导讲话。

（5）运动员代表宣誓。

（6）裁判员代表宣誓。

（7）主办方领导宣布开幕。

（8）比赛开始。

七、申诉

1. 申诉受理

（1）时间：从该场比赛结束开始受理至该比赛结束后30分钟截止受理。

（2）申诉方应向仲裁委员会提交参赛运动员和领队或教练员（若有）共同签名的书面申诉书，并交纳申诉费人民币2000元。

（3）仲裁委员会受理申诉书后，申诉方当事人、比赛对手、临场裁判员、裁判长须在赛场随时准备接受调查和询问。

2. 申诉审议

（1）审议人员：仲裁、裁判长及该场比赛临场裁判员组成临时审议组，对申诉事实进行审议。

（2）采用文字记录、技术录像、临场数据统计、个别调查等手段进行审议。

（3）审议结束后，由仲裁向有关单位通报审议结果。申诉失败申诉费不予退还；申诉成功退还申诉费，取消被申诉对象对应的得分或者比赛成绩并对相关裁判做出处罚。

八、闭幕式

1. 闭幕式准备

闭幕式可与开幕式使用同一场所，主要以颁奖仪式为主。工作人员应提前布置好主席台座席，鲜花和无线麦克或立式麦克数量和位置，并确定颁奖嘉宾姓名、职务等信息。主席台上摆放：桌布、领导桌签、讲话稿、矿泉水或茶水等，提前选择闭幕式颁奖音乐并做好礼仪小姐的培训。

2. 闭幕式议程

（1）裁判长宣布成绩。

（2）仲裁主任宣布体育道德风尚奖代表、优秀裁判员代表名单。

（3）承办单位领导致辞。

（4）颁奖仪式。

（5）主要领导宣布闭幕。

九、安保工作

组委会应根据当地政府的有关要求，制订赛事安保方案。此外，应根据2018年国务院办公厅发布的《关于加快发展体育竞赛表演产业的指导意见》（国办发〔2018〕121号）降低体育赛事活动安保成本，规范公共安全服务供给。

十、医疗保障

组委会应在比赛场地配备急救设备（包括AED等）和专业医务人员，及时提供现场急救及必要的创伤治疗服务，并将危重伤病人员送到指定的医疗机构。

第三节　赛后总结工作

一、竞赛组编印成绩册

成绩册包括全部比赛成绩和竞赛录取的名次、队名，以及受表彰的裁判员、教练员、运动员、精神文明队名单等。成绩册不仅是本次比赛的成绩档案，也是下次比赛编排的重要依据，最好在各队离会之前将成绩册分发给各队（成绩册封套应事先制作好）。

二、竞赛信息网络存档与公示

网络信息公示包括全部比赛成绩和竞赛录取的名次、队名等，这些信息需要在赛后公示官网；具体的参赛报名信息、过程信息、工作人员信息以及成绩信息等应一并录入数据库，以备后续办赛或信息参考使用。

三、收集比赛资料并存档

主要资料包括秩序册和成绩册、竞赛及裁判工作总结、裁判执裁情况鉴定表，以及比赛照片、通讯录等。原始报名清单、成绩记录表、抽签结果报告等最好也存放一段时间，待确认与比赛无关时再做处理。

四、总结收尾

（1）组委会要总结竞赛、裁判工作的得失，在此基础上写好总结材料，这是竞赛工作的重要一环，它可为下次比赛积累经验，使竞赛工作不断完善。裁判长应总结本次赛事的裁判工作情况，并提交协会。

（2）赛事物资的回收整理、经费的结算审核。

五、赛事数据处理与运用

赛事数据处理主要是对运动员、运动队以及参赛成绩的处理，这些数据通过处理后纳入数据库，在下届比赛报名、选材、办赛等方面可以起到限制或借鉴参考的作用。

第八章

跳绳运动竞赛规则

　　当前跳绳运动结合了很多新元素，包括音乐、舞蹈、舞台表现、体操等，因此，跳绳运动竞赛有着丰富的规则和裁判方法，了解跳绳运动竞赛规则才能更好地发展跳绳运动，获得提升。本章主要介绍跳绳运动相关竞赛规则。

第一节 竞赛项目

一、计时计数赛

（1）30秒单摇跳。

（2）30秒双摇跳。

（3）3分钟单摇跳。

（4）连续三摇跳（12周岁以上）。

（5）4×30秒单摇接力。

（6）2×30秒双摇接力。

（7）30秒交互绳速度跳。

（8）60秒交互绳速度跳。

（9）4×30秒交互绳单摇接力。

（10）3分钟10人长绳"8"字跳。

（11）1分钟10人长绳集体跳。

（12）30秒一带一单摇跳。

（13）30秒两人协同单摇跳。

（14）30秒三人和谐单摇跳。

（15）30秒间隔交叉单摇跳。

二、趣味挑战赛

（1）定数计时赛。

（2）一次性挑战赛。

（3）花样组合挑战赛。

（4）团队配合挑战赛。（a.最多人跳长绳、交互绳，b.天罗地网最多绳挑战）

三、花样赛

（1）个人花样赛。

（2）同步花样赛。

（3）车轮跳花样赛。

（4）交互绳花样赛。

四、集体自编赛

（1）小型集体自编赛。

（2）大型集体自编赛。

五、规定套路赛

（1）个人花样规定套路。

（2）个人花样集体规定套路。

（3）车轮花样集体规定套路。

（4）交互绳花样集体规定套路。

（5）广场绳舞集体规定套路。

（6）表演赛规定套路。

六、DDC交互绳项目

（1）30秒交互绳速度赛。

（2）DDC交互绳自编赛。

七、跳绳对抗赛

杀刀。

第二节　竞赛分组

一、按项目分组

（1）个人项目按男、女设组。

（2）2至4人（含4人）项目按男、女、混合设组。

（3）5人以上项目按不限性别设组。

二、按年龄分组

（1）幼儿组（5～6岁）。

（2）儿童组（7～9岁）。

（3）少年组（10～12岁）。

（4）青年组（13～18岁）。

（5）成年组（19岁及以上）。

第三节　竞赛场地与器材

一、竞赛场地

1. 场地大小

（1）计数赛场地：5米×5米。

（2）3分钟10人长绳"8"字跳场地：不受5米×5米限制，要求两名摇绳运动员的间距不小于3.6米。

（3）花样赛场地：12米×12米。

（4）个人花样规定赛场地：12米×12米；其他规定赛场地：不小于15米×15米。

（5）小、大型集体自编赛、交互绳自编赛场地：不小于15米×15米。

2. 场地要求

（1）正式比赛场地的地面须平整光滑，应为优质运动木地板或跳绳专用塑胶场地，无影响比赛的隐患。

（2）比赛场地四周至少有3米宽的无障碍区，比赛区上空至少从地面算起有至少4米的无障碍空间。

（3）比赛场地界线宽为5厘米，线宽不包括在场地内，颜色应与场地有明显区别。

（4）裁判席设在独立的裁判区内。裁判区为比赛场地周围3米区域，离观众席至少2米。裁判区与观众席保持一定距离，互不干扰。

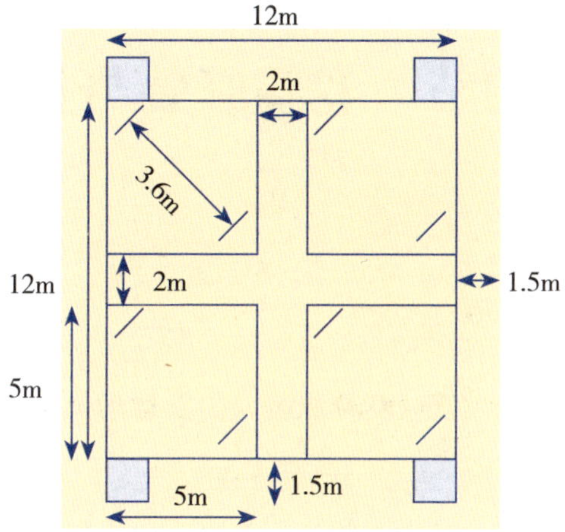

图8-1　比赛场地示意图

二、竞赛器材

（1）比赛用绳及其他设备须经组委会审定。

（2）比赛用绳必须达到符合人体安全的环保要求（无毒、无害、无异味），比赛用绳可做适当修饰，但不得有安全隐患和影响裁判员判断的饰物；如有违反，取消比赛成绩。

（3）在个人绳的比赛中，每名运动员只能使用1根绳子；在车轮跳、交互绳的比赛中，每队只能使用一副（两根）绳子；如有违反，取消比赛成绩。

（4）在集体自编赛中，长度在6米以上的绳子才能算作长绳，上场前由主裁判测量；如有违反，算一次大失误。

（5）不可使用外部助力器材，如有违反，取消比赛成绩。

第四节　竞赛服装与礼仪

一、竞赛服装

（1）各代表队须统一竞赛服装，男女运动员服装款式、颜色应搭配合理。

（2）速度赛运动员竞赛服装要合身，修饰要适度，不能影响运动，可穿短袖或无袖修身型运动衫、短裤或紧身裤。

（3）运动员服装根据比赛要求，可在衣服的背面印有面积合适、位置统一的姓名、队名、号码、赞助商标志等。但不得印有不文雅及与本项运动不符的设计或字样。

（4）禁止穿以描绘战争、暴力、色情、宗教为主题的服装，违反者，取消比赛资格。

（5）花样赛、规定赛、集体自编赛在不违背跳绳运动安全的情况下，根据表演风格，服装自选。

二、竞赛礼仪

（1）运动员在入场后，动作开始前和结束后，必须向裁判组和观众行礼（绳礼）。

（2）在任何比赛中，运动员发出不文明的用语时，取消比赛资格。

（3）比赛中运动员不得嚼口香糖等食物，否则取消比赛资格。

图8-2　绳礼

※绳礼：运动员直立，右脚脚心踩住绳子中间位置，两手各握一绳柄拉绳于身体两侧；右手在前左手在后做敬礼跳动作，同时鞠躬示意。

第五节　竞赛口令

一、计时计数赛口令

竞赛口令均采用电子播音口令，比赛开始口令为"裁判员准备—运动员准备—预备—跳（或哨音）"，结束口令为"停（或哨音）"，比赛中间会有阶段性时间提示；接力项目，在下一名运动员开始前会有"换"口令下达。

二、一次性挑战赛、连续多摇跳比赛口令

比赛开始口令为"裁判员准备—运动员准备—可以开始"。

三、花样赛、规定赛、集体自编赛口令

这几类比赛以背景音乐为准，主裁判会下达指令："请放音。"

第六节　竞赛犯规与判罚

一、时间违例

1. 抢跳或抢换

所有计时计数赛项目都不允许抢跳或抢换。以下情况将被视为抢跳或抢换：在"预备"口令发出后，比赛"跳"或哨音口令未下达前，运动员身体和绳子未保持静止状态；在接力赛中，"换"的口令未下达之前，运动员就开始转换。出现抢跳或抢换后，比赛将继续进行。比赛结束后，每抢跳或抢换一人次，在应得次数成绩中扣除10个。

2. 一次性挑战赛起跳犯规

运动员在听到"可以开始"比赛信号后，30秒内未能出现第一个技术动作，即为比赛结束。

二、空间违例

计时计数赛：

（1）如果运动员踩线、出界（包括3分钟10人"8"字跳摇绳人的间距线）计数暂停，直到在规定的场地内做出正确动作再开始累

绳之韵
——花样跳绳运动进校园

计计数，时间不间断。

（2）1分钟10人长绳集体跳在不影响其他队伍比赛的情况下无场地限制。

（3）一次性挑战赛、连续多摇跳：运动员踩线或出界，比赛即宣告结束。

第七节　评分方法与计数方式

一、计时计数赛评分方法

1. 30秒单摇跳

运动员双手摇绳，每跳起一次，绳体向前跃过头顶并通过脚下绕身体一周（360°），称作单摇跳。

（1）目标：按照规则的要求，运动员在30秒的时间内完成尽可能多的单摇跳。

（2）口令：裁判员准备—运动员准备—预备—跳（或哨音）—10秒—20秒—停（或哨音）。

（3）技术要求：

① 运动员须使用单摇并脚跳或者双脚轮换跳的方式完成动作。

② 按口令要求人、绳都从静止开始起跳，在指定场地内比赛为有效动作。

2. 3分钟单摇跳

（1）目标：按照规则的要求，运动员在3分钟时间内完成尽可能多的单摇跳。

（2）口令：裁判员准备—运动员准备—预备—跳（或哨音）—

30秒—1分钟—30秒—2分钟—15秒—30秒—45秒—停（或哨音）。

（3）技术要求：同30秒单摇跳。

3. 4×30秒单摇接力

（1）目标：4名运动员在120秒不间断的时间内，按照先后顺序依次完成30秒单摇跳绳接力。

（2）口令：裁判员准备—运动员准备—预备—跳（或哨音）—10秒—20秒—换—10秒—20秒—换—10秒—20秒—换—10秒—20秒—停（或哨音）。

（3）技术要求：

① 4名运动员必须统一跳绳姿势（并脚跳或者双脚交替跳）完成单摇跳接力。

②4名运动员在指定场地内比赛为有效动作。

③ 按口令要求起跳必须都从静止开始，且在"换"口令下达后，前后运动员方能进行跳绳接力转换，否则视为抢跳或抢换。

4. 3分钟10人长绳"8"字跳

（1）目标：在3分钟时间内，2名运动员同步摇单长绳，其他8名运动员依次以"8"字路线绕摇绳队员，并尽可能多地完成跑跳进出绳。

（2）口令：裁判员准备—运动员准备—预备—跳（或哨音）—30秒—1分钟—30秒—2分钟—15秒—30秒—45秒—停（或哨音）。

（3）技术要求：

① 2名摇绳运动员两脚间距不小于3.6米，运动员必须依次"8"字形跑跳穿越长绳。

② 在"跳"的口令下达后，摇绳运动员才可以开始摇绳，跳绳

运动员开始进绳跳跃，否则视为抢跳。

5. 30秒一带一单摇跳

一名运动员双手摇绳，另一名运动员在持绳队员体前（或者体后），每跳起一次，绳同时越过两名运动员头顶并通过脚下绕身体一周（360°），称作一带一单摇跳。

（1）目标：在30秒内完成尽可能多的一带一单摇跳。

（2）口令：裁判员准备—运动员准备—预备—跳（或哨音）—10秒—20秒—停（或哨音）。

（3）技术要求：

① 摇绳运动员参照单摇跳的方式完成动作。

② 按口令要求，人、绳都从静止开始起跳，在指定场地内比赛为有效动作。

③ 两名运动员跳绳共同过绳计成功1次，以持绳运动员为参照进行计数。

6. 30秒两人协同单摇跳

两名运动员各持一个手柄，绳同时越过两名运动员头顶并通过脚下绕身体一周（360°），称作两人协同单摇跳。

（1）目标：在30秒内完成尽可能多的两人协同单摇跳。

（2）口令：裁判员准备—运动员准备—预备—跳（或哨音）—10秒—20秒—停（或哨音）。

（3）技术要求：

① 2名运动员参照单摇跳的方式完成动作。

② 按口令要求，人、绳都从静止开始起跳，在指定场地内比赛为有效动作。

7. 30秒间隔交叉单摇跳

运动员双手摇绳，第一次单摇过绳为双手体前交叉，第二次单摇过绳为直摇，两个动作先后完成为成功一次，称作间隔交叉单摇跳。

（1）目标：在30秒内完成尽可能多的间隔交叉单摇跳。

（2）口令：裁判员准备—运动员准备—预备—跳（或哨音）—10秒—20秒—停（或哨音）。

（3）技术要求：

① 跳绳运动员须使用单摇跳的方式完成动作。

② 按口令要求，人、绳都从静止开始起跳，在指定场地内比赛为有效动作。

③ 第一次单摇过绳为双手体前交叉，第二次单摇过绳为直摇，两个动作交替完成为成功一次，累计运动员跳绳成功次数（以运动员交叉过绳为参照）。

二、趣味挑战赛评分方法

1. 定量计时挑战赛

（1）挑战形式：根据学生所学花样跳绳内容，指定一种花样形式，如并脚跳、双脚交替跳、交叉跳等，规定须完成的目标，如完成50个、100个、200个等，运动员以最快速度进行挑战，用时少者名次排前。

（2）口令：裁判员准备—运动员准备—预备—跳（或哨音）—完成（停止计时）。

（3）技术要求：

① 运动员须使用规定的花样跳绳方式完成动作。

② 按口令要求，人、绳都从静止开始起跳，在指定场地内比赛为有效动作。

2. 一次性挑战赛

（1）挑战形式：根据学生所学花样跳绳内容，指定一种花样形式，如并脚跳、双脚交替跳、交叉跳等，不规定时间、速度，运动员以最稳定的节奏进行挑战，一次性挑战完成数量多者名次排前，失误即挑战结束。

（2）口令：裁判员准备—运动员准备—预备—跳（或哨音）—失误（停止计数）。

（3）技术要求：同定量计时挑战赛要求。

三、计时计数赛计分方式

1. 应得数

每个场地比赛由3名裁判员执裁。

（1）当3名裁判员计数相同时，取相同计数为应得数。

（2）当3名裁判员计数有两位裁判计数相同时，以两个相同计数为应得数。

（3）当3名裁判员计数各不相同时，取相近两个计数的平均数作为应得数。

（4）当3名裁判员的计数为等差数列时，且最高值与最低值之间差值（X）X≤5个，采用对选手相对有利的计分方式，计算较高的两个成绩的平均值作为应得数［如3名裁判员计数分别为153，155，157，则得数应为（155+157）/2=156，T=156］。

（5）若每位裁判员给出的计时计数赛成绩差异均大于3［如80，

84，88，最高值与最低值之间差值（X）X>7〕，则选手在竞赛委员会不能提供录像证据的情况下可要求重跳。如果选手选择重跳，那么记录重跳成绩。在重跳过程中，两名额外的速度跳裁判员将介入以检查之前3位裁判员的计数能力。如果选手不选择重跳，且竞赛委员会不能够提供视频证据，那么取差值最小较高的两个成绩的平均值作为成绩（之前例子中80，84，88，应记86）。若竞赛委员会能够提供视频证据，那么原来的3位裁判员以及两名额外裁判员将会在比赛中或赛后根据视频，判定最终成绩。

2. 最终成绩

应得数减去主裁判判罚的犯规应扣次数，为运动员的最终成绩。

3. 名次确定

比赛名次按最终成绩确定，次数多者名次列前；如果成绩相等，那么名次并列（如3名运动员的成绩分别是：A.90次，B.93次，C.93次，那么B、C并列第一名，A为第二名）。

第八节　跳绳竞赛规则拓展知识与技巧

一、花样跳绳对抗赛规则

花样跳绳对抗赛俗称"杀刀"，在民间广为流传，是以小组或者个人为单位对抗的比赛形式。

1. 动作组合表述

所学花样动作都可以作为对抗的元素，单个花样技术动作，如开合跳、弓步跳、前后跳、提膝跳等可分别标记为A、B、C、D等字母，两个技术动作的组合，如开合跳连接弓步跳、弓步跳连接前后跳、开合跳连接提膝跳、弓步跳连接提膝跳等可分别标记为AB、BC、AD、BD等字母，依此类推，可以有3个、4个、5个等多个技术动作的组合。

2. 竞赛办法

（1）场地要求：计时计数赛场地。

（2）时间：1分钟。

（3）每场比赛采用一对一的方式。

（4）听到"跳"的口令后开始比赛，裁判员从运动员出现第一次组合技术开始计数，失误即停止比赛。

（5）每场比赛时间内，按照规定的组合顺序完成一个循环计数一次，一次性连续完成组合技术最多的队员获胜。

（6）每场比赛胜负判定：

① 每场比赛设5局，决赛阶段可设7局。

② 每场比赛结束，胜方得2分，平局各得1分，负方不得分。

③ 每场比赛结束，总得分高的一方为胜方。

④ 小组赛阶段每场比赛结束，出现平局，不加赛。淘汰赛阶段每场比赛结束出现平局，则需加赛一局，直到分出胜负为止。

3. 规定样式

表8-1　规定样式

一元样式	A		B		C	D
二元样式	AB	AC	AD	BC	BD	CD
四元样式	ABCD	BDCA	DCAB	CADB		
……						

竞赛组委会可以根据赛事实际情况，每场可采用抽签方式决定样式或直接指定样式。

4. 场地示意图

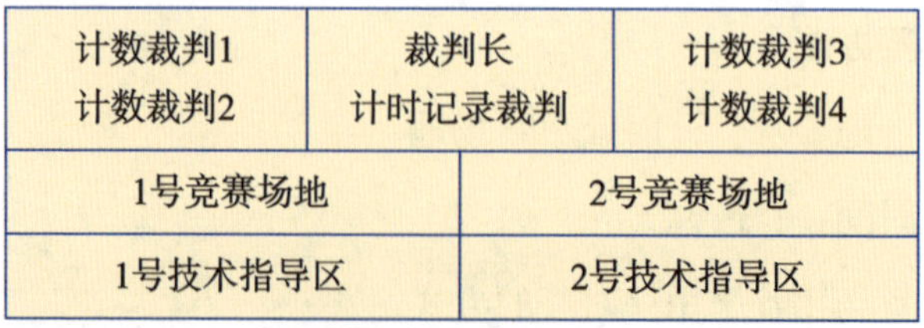

计数裁判1 计数裁判2	裁判长 计时记录裁判	计数裁判3 计数裁判4
1号竞赛场地		2号竞赛场地
1号技术指导区		2号技术指导区

图8-3　场地示意图

二、裁判计数小技巧

目前，中国跳绳速度保持着多项世界纪录和吉尼斯纪录，在单摇计时计数赛中，裁判员一般都会使用计数器来计数，尽可能避免出现误差，即使这样，遇到水平高的运动员，比如30秒单摇成绩220左右，一般裁判员也是数不准确的。以下是优秀裁判员的经验，给大家分享一下。

1. 并脚跳

手持计数器，手随脚动，跟随运动员跳动的节奏计数。

2. 两脚交替跳

手持计数器，盯住运动员右脚，手随脚动，数右脚的跳动次数，最后数量乘以2，就是运动员的成绩。

3. 间隔交叉单摇跳

直摇一次+交叉一次，裁判员计数一次，裁判员盯住运动员手部交叉动作即可。

4. 两人协同单摇跳

裁判员一般以右侧人为准，根据运动员的跳绳方式，选择并脚跳或者两脚交替跳的计数方法进行计数。

5. 一带一单摇跳

裁判员一般以持绳者为准，根据运动员的跳绳方式，选择并脚跳或者两脚交替跳的计数方法进行计数。

三、花样跳绳规则探秘

在花样类比赛中，运动员的成绩由动作难度、完成质量、规定动作分数、失误与违规等元素组成，每种元素的完成与否、质量优劣都关系到最终的成绩。

1. 关于动作难度

在花样跳绳比赛中，除了基础单摇跳和基础侧甩动作难度等级为"0"外，其他动作都有对应的难度等级，难度等级由易到难分为0.5~8级，在两人或两人以上团体个人绳花样比赛中，只有动作同步时才评判难度分。例如，每一个不同的步法都是0.5级难度；空中的侧摆等同于过脚一周，会增加动作难度系数。

2. 关于完成质量

在花样跳绳比赛中，完成质量是裁判评分的标准之一，其中音乐的运用非常重要，裁判员将从运动员在完成技术动作时是否在节拍和节奏上、是否很好地运用音乐重音来增强效果等方面进行评分。比赛中运动员的动作密度越大，与音乐节奏、风格联系越紧密，完成质量分值会越高。

3. 关于规定动作

为了确保花样赛动作的全面性和多样性，运动员需要完成某些规定的技能元素，例如，缠绕花样、抛接绳（放绳）花样是花样动作中的规定元素，套人花样是套人跳集体自编赛中的重要元素，裁判员会对运动员未完成的元素进行扣分。

第九章

跳绳运动损伤与预防

跳绳运动是一项纵向运动，需要不断地向上跳跃以及下落，对腿部、膝关节、踝关节具有很大的冲击，在校园跳绳教学与训练中，由于跳绳动作花样难度的增加，绳子在空中高速运转，很容易发生抽打自身、落地不稳、脚踝疼痛的情况。本章重点介绍跳绳运动的常见损伤与预防。

第一节　跳绳运动常见损伤

一、胫骨骨膜炎

胫骨骨膜炎是因运动不当而造成的一种局部组织损伤，此症状的发生一般在刚参加运动训练的人中，尤其青少年较为常见。在跳绳时，前足落地使小腿肌肉附着点受到反复牵拉，身体的重力与地面的反作用力的应力集中于胫骨中下1/3处内侧缘骨膜处，而形成的局部骨膜血管扩张、充血、水肿或骨膜下出血，久而久之，骨膜出现血肿机化、增生等骨膜炎性病变。

胫骨骨膜炎早期无须特殊治疗，用弹力绷带裹扎小腿，改做少用下肢活动的运动项目，减少运动量，注意局部休息，一般6周就可康复。经常疼痛或运动后疼痛较重者务必及时送医院治疗。

二、脚踝扭伤

脚踝扭伤之后要分辨伤势的轻重。一般来讲，如果活动脚踝时虽然疼痛，但并不剧烈，大多是软组织损伤，可以自己医治。如果自己活动脚踝时有剧痛，不能站立和挪步，疼在骨头上，扭伤时有声响，伤后迅速肿胀等，这是骨折的表现，应马上到医院诊治。

热敷和冷敷都是物理疗法，作用却截然不同。血遇热而活，遇寒则凝，所以在受伤早期宜冷敷，以减少局部血肿；取坐位或卧位，同时可用枕头、被褥或衣物、背包等把足部垫高，以利于静脉回流，从而减轻肿胀和疼痛；立即用冰袋或冷毛巾敷局部，之后可用绷带、三角巾等布料加压包扎踝关节周围。受伤后切忌推拿按摩受伤部位。切忌立即热敷，热敷需在受伤24小时后进行，一般一两周就可康复。症状较严重时最好送医院治疗。正红花油、云南白药气雾剂等可以治疗或缓解跌打损伤。

三、绳子抽伤

绳子抽伤大都是由于绳子的长度不合适、跳绳摇绳的方法不正确，或是在跳绳时节奏不当、身体不协调等而导致的绊绳，是绳子抽中身体引起的抽伤。轻微的抽伤，可隐约看见一条较浅的伤痕，必要时可进行消毒包扎；较重的抽伤，必要时可到医院进行处理，以免留疤。

四、膝关节的损伤（髌骨劳损）

髌骨劳损是指髌骨软骨病和髌骨周缘腱止装置的慢性损伤的统称，主要是膝关节（尤其半蹲位姿势）长期负担多度或反复的细微损伤积累而成，因髌骨遭受一次外力撞击或股四头肌依次猛烈牵扯所致，早期症状是在大运动量训练后感到膝关节酸软无力，休息后可消失。随着损伤程度的加膝部酸软与疼痛逐渐增重，尤其半蹲时更明显。

若要预防髌骨劳损的发生，应要加强股四头肌的力量，每次

训练后做单足半蹲试验，及时发现治疗；运动后把汗擦干，注意保暖。若发现此类症状发生，可进行高位静止半蹲，注意方法得当；或理疗、针灸、中药外敷或直流电导入等方法进行应急处理。

五、心率过快

当剧烈运动或体质较弱的运动员运动时会产生心率加快的症状，一般情况下，剧烈运动后可能会出现心慌胸闷，而导致心跳加速；这种状况正常人可稍加休息调整即可恢复，有心脏疾病的情况下应立即到医院进行处理，一般不建议参与剧烈运动。

第二节　损伤原因与预防

一、练习方法和运动量不当

跳绳者尤其是初学者在跳绳的起跳和落地时，没有控制好身体重心和足接触地面的部位，在落地时不注意控制好下肢、膝踝、足的协调配合和缓冲速度，使下肢受到较大的反作用力，迫使踝足屈肌不断强力收缩，局部胫骨负担过重，导致胫骨骨膜过度疲劳。

在体育锻炼中应注意锻炼者的年龄、性别、运动水平和健康状况等特点，合理安排运动量和运动强度，对那些易发生胫骨损伤的动作，要事先做好预防准备。

二、运动场地过硬且不平整

在体育运动时，训练场地过硬（水泥地、大理石地面等），小腿屈伸肌反射性收缩加强，而紧张性控制能力降低，如果这种状态持续的时间过长，最终将导致胫骨慢性劳损。

在体育运动时，应注意场地对锻炼者身体状况的影响，在水泥地或者较硬的场地，很容易造成锻炼者股四头肌的酸痛和膝关节的损伤，应选择较软的场地进行，这样在锻炼的过程中有助于落

地的缓冲，以减少落地冲力对肌肉和关节的影响，防止受伤。也要注意鞋子、衣服等装备，以免在锻炼过程中影响训练而受伤，特别是踝关节的损伤，应选择适合运动的鞋子和宽松或有弹性的衣服、裤子。

三、准备活动不充分

跳绳前如果准备活动不足，外界气温又过低，使小腿部肌肉、韧带黏滞性加大、伸展性降低，不同程度影响小腿部肌肉的收缩速度，当其在运动中主动或被动收缩时，特别是在完成爆发性动作时，由于准备活动不足，肌肉与骨骼内的摩擦加大，从而引起骨膜损伤。

准备活动的内容和量要有针对性，与动作紧密联系，对运动中负担较重和易伤部位，特别是小腿部要有专门性的准备活动，可进行主动或被动的伸展练习，使受力部位充分活动。

四、医务监督缺乏

锻炼者须定期进行体格检查，禁止带伤病参加运动。伤病初愈者要根据医生和体育专家的意见进行活动，注意自己的主观感觉（疲劳感、下肢腿足部酸痛感），特别注意小腿前部胫骨表面和骨板的疼痛反应，当有不良感觉时，及时调整下肢负荷量，减少运动。

体育锻炼应促进青少年生长发育和提高其健康水平，尽量减少和避免运动中出现的伤害事故。因此，要严格遵守训练原则，采取综合性的预防和保护措施。

第三节　突发状况与处理

一、抽筋

1. 原因

抽筋多发生在高强度跳绳训练过程中，身体状况不佳的学生也会在进行高强度的跳绳训练过程中突然抽筋，多是小腿抽筋，酸痛异常，这可能是正常情况，也可能是肌肉拉伤、缺钙等因素所引起。

（1）正常情况：如果平时不经常运动，突然进行跳绳，可导致肌肉紧张，进而出现酸痛的症状，适当休息后可逐渐缓解，无须特殊处理。

（2）肌肉拉伤：如果在跳绳的过程中，肌肉主动地猛烈收缩或被动地过度牵伸，超过了肌肉本身所能承担的限度，可引起肌肉组织损伤，患者可出现酸痛、肿胀、撕裂感，建议患者立即给予冰敷、加压包扎，如果病情较严重，肌肉发生断裂，则需要进行手术治疗。

（3）缺钙：如果平时饮食不协调，导致机体钙摄入不足，小腿肌肉可呈现紧张、无力的状态。在跳绳的过程中刺激到局部肌肉，

可能会出现抽筋一样的酸痛。针对此类情况，建议遵医嘱使用碳酸钙片等药物进行补钙治疗。

除了上述原因以外，如果出现筋膜炎、下肢静脉曲张的情况，患者可能在跳绳时出现小腿酸痛的情况，类似于抽筋。

2. 应急处理

（1）休息：当腿抽筋发生时，应立即停止跳绳活动，找个舒适的地方休息，让肌肉得到放松。休息期间，可以轻轻按摩抽筋的部位，帮助缓解肌肉紧张，并避免再次跳绳引起抽筋。

（2）按摩：抽筋后，可以用手指或手掌轻柔地按摩抽筋的部位。按摩可以促进血液循环、缓解肌肉痉挛，同时还可以帮助肌肉松弛。注意按摩时力度要适中，不要用力过猛，以免引起更大的疼痛。

如果以上处理无法恢复，则建议及时到医院的骨科就诊，完善触诊、X射线、血钙测定等检查，判断具体原因。

二、呕吐

1. 原因

跳绳结束后恶心、呕吐可能是缺乏锻炼、低血糖、慢性胃炎、胃食管反流等原因所致。

（1）缺乏锻炼：因为平时缺少锻炼，突然之间做跳绳，运动比较剧烈，导致胃部受到牵拉，而导致恶心、呕吐，一般休息后可缓解。

（2）低血糖：跳完绳后如果血液中的血糖浓度过低，可导致出现恶心、呕吐，可以喝一杯糖水，适当休息大多可缓解。

（3）慢性胃炎：胃黏膜存在慢性的炎症，胃内的供血比较少，导致跳完绳后出现恶心、想吐，可给予奥美拉唑、硫糖铝等药物治疗。

（4）胃食管反流：存在胃食管反流患者跳完绳后可引起出血恶心、想吐，可给予埃索美拉唑、铝碳酸镁咀嚼片等药物治疗。

2. 应急处理

休息：当跳绳呕吐发生时，应立即停止跳绳活动，找个舒适的地方休息，让身体得到放松。避免再次跳绳加剧呕吐。

若无法缓解，建议就诊查明病因，给予治疗，建议在就医后的指导下用药，切勿自行服药。

三、休克晕厥

1. 原因

跳绳出现休克晕厥或心搏骤停可能是由于心源性休克导致的，也有可能与患有一些基础疾病有关。

（1）心源性休克：如果跳绳时间过长，机体长时间的剧烈运动很容易造成心跳速度加快，从而导致心脏不能够正常地为机体供血、供氧，当机体处于缺血、缺氧状态时，就容易导致心脏暂时停跳，并伴有晕厥现象，称之为心源性休克，一般会表现为心搏骤停。

（2）冠心病：由于冠心病人本身就存在心脏供血、供氧量不足的情况，如果冠心病人在病情不稳定时跳绳很容易诱发急性心肌梗死，而导致出现恶性心律失常，继而会表现为心搏骤停。平时在跳绳的时候要根据个人体质量力而行，尤其是一些患有心脏疾病的人群，在平时跳绳时要避免频率过高，以免加重心脏负担，造成心搏骤停。

2. 应急处理

在跳绳运动过程中，一旦发生心搏骤停时，要及时进行心肺复苏抢救。如训练场地配有AED（自动体外除颤器），及时使用AED实行心肺复苏抢救。如果没有专业心肺复苏设备则及时进行人工呼吸和心脏按压，帮助患者建立呼吸循环，并及时就医。

第四节　跳绳后的调整

　　跳绳运动是一项需要全身肌肉群参与并进行精细控制的一项运动，在校园跳绳教学和训练过程中，由于跳绳运动本身的高强度运动性质，人们在跳绳过程中会十分消耗体能，跳绳10分钟相当于跑步20分钟，因此，在跳绳运动结束后要特别注意体能的恢复与调整。

一、体能恢复

　　现代社会物质生活非常丰富，人们越来越关心健康的重要性，而当下影响健康的主要因素是饮食结构的变化和体力活动的缺乏。体育运动可以解决体力活动不足的问题，又富有趣味性，但是高强度的运动非常容易产生运动性疲劳。运动性疲劳就是指机体的生理过程不能持续其机能在一特定水平或不能维持预定的运动强度，经过适当休息和调整可以恢复的生理现象。运动性疲劳长期积累而不能积极消除，就会发展成过度性运动疲劳。

　　一般体育爱好者在运动中没有科学合理的安排运动量和运动强度，容易产生运动性疲劳，下文将为跳绳爱好者介绍一些常见的疲劳恢复方法，以期为健身者的训练和健身活动中能更轻松地享受乐趣、更能发挥自身的水平，提供较为专业的指导。

体能恢复是指为消除运动后的疲劳所进行的训练。在高强度跳绳后，由于消耗能量过大而产生疲劳，出现肌肉酸痛、运动能力下降的现象。我们可以采用科学的方法和手段，尽快地消除疲劳，缓解肌肉酸痛、增加能量储备、提升运动能力，从而使跳绳运动者尽快完成体能恢复，投入新的锻炼中。

1. 训练学方法

通过适宜的肌肉活动来调节跳绳者的身体疲劳程度。如根据身体状况，合理地调整运动量，科学地组织训练与休息，变换训练环境和训练手段，安排好训练前的准备活动和训练后的整理活动等。

运动前的准备活动可以提高人体中枢神经系统的兴奋度，增强氧气运输系统的活动，提高机体体温等可以延迟疲劳的出现，适度的准备活动还有助于延迟组织器官功能的生理惰性。运动后的整理放松对于疲劳的消除更为重要，运动后不宜马上休息，应以慢跑辅助，并对肌肉、韧带进行拉伸，加快体内代谢，促进乳酸分解，延缓酸痛，使肌肉的血流量增加，加速乳酸的分解，有助于消除疲劳。

2. 心理学方法

通过心理学的方法和手段，如积极的自我暗示、听一些舒缓的音乐等可以使跳绳者迅速降低神经系统的紧张程度以及心理抑制状况，使跳绳者的各机能系统得以缓解和放松。

3. 医学、生物学方法

通过医学、生物学方法手段，提高机体承受负荷能力，尽快消除全身疲劳和补充能量储备。如通过各种按摩使肌肉高度放松，加快血液循环；通过水疗、红外线疗、蜡疗、电疗、磁疗等方法放松肌肉，加快恢复。

按摩推拿是消除疲劳的有效方法。当代医学认为按摩恢复机理是通过机械刺激反射影响中枢神经系统，促进血液和淋巴循环，使肌肉中原来闭塞的毛细血管开放增多，加强局部血液供应，改善营养，增进肌肉力量和弹性，防止肌肉萎缩，缓解疲劳时的肌肉僵硬、紧缩和酸胀。跳绳者运动后身体极度疲劳时要先休息2~3个小时再进行按摩，按摩的时间为20~30分钟为宜。

4. 睡眠

充足的睡眠是消除疲劳最根本和最有效的方法之一，跳绳者进行大强度训练后必须保证有充足的睡眠时间和良好的睡眠环境，没有良好的睡眠作保证，对人体的疲劳恢复速度将产生较大影响。据相关研究表明，当睡眠时间达到8小时，人体尿液中的酸碱性趋于平稳，基本恢复至运动前。睡眠时大脑皮层的兴奋性降低，身体代谢处于较低水平，有利于体内能量的蓄积。

5. 温水浴

大强度运动后容易产生较多的乳酸堆积，使用温水浴能够有效缓解疲劳。由于热水的温热作用，可以改善血液循环，扩张血管，促进全身血液循环，加强新陈代谢，加快肌肉中酸性代谢产物的排除；同时，还可以使汗腺的分泌增加，放松肌肉。温水浴前需要补充食物或在饭后进行，水温为38~42℃，时间在10~20分钟为宜。

此外，涡流浴、桑拿蒸汽浴以及各类保健浴，对消除疲劳都有一定积极作用，但必须掌握科学的入浴方法，适度而止。

二、科学饮食

许多人在大强度的运动后，经常出现肌肉发胀、关节酸痛、精神疲乏的感觉。为了尽快解除疲劳，就买些鸡、鱼、肉、蛋等大吃一顿，以为这样可以增加营养，满足身体需要。其实，此时食用这些食品不但不利于缓解疲劳，而且对身体还会产生不良影响。运动时会消耗大量的能量，运动后需要通过饮食补充能量，合理的膳食有助于机体的恢复。

1. 根据运动内容进行饮食搭配

运动后的营养能量的补充，是弥补运动后疲劳机体流失维生素、矿物质盐类的最佳途径。在经过一定强度的运动后，在饮食方面补充富有营养和易于消化的物品，并尽量多吃新鲜蔬菜、水果等碱性食物，可根据不同性质的运动项目需要进行营养物质的合理搭配，有利于不同类型运动后的能量恢复，消除运动疲劳。

进行速度性的项目训练后，应食用含较多易吸收的糖、碳水化合物、维生素B1、维生素C、蛋白质和磷的食物；进行耐力性的项目训练后，要多供给糖以增加糖原储备，同时还要增加蛋白质、维生素B2、维生素C和铁；进行力量性的项目训练后，需要增加较多的蛋白质和维生素B2，为保证神经肌肉的正常功能要补充钾、钠、钙、镁等，在运动后适时地补充相关营养物质，既能提高身体的抗疲劳能力，又能帮助运动疲劳的消除。

2. 饮食保持人体内酸碱平衡

美国一位病理学家经过长期研究指出：只有体液呈弱碱性，才能保持人体健康。正常人的体液呈弱碱性，人在运动后，感到肌肉、关节酸胀和精神疲乏，其主要原因是体内的糖、脂肪、蛋白质大量分解，在分解过程中，产生乳酸、磷酸等酸性物质，这些酸性物质刺激人体组织器官，使人感到肌肉、关节酸胀和精神疲乏。而此时若单纯食用富含酸性物质的肉、蛋、鱼等，会使体液更加酸性化，不利于疲劳的解除。判断食物的酸碱性，并非根据人们的味觉，也不是根据食物溶于水中的化学性，而是根据食物进入人体后所生成的最终代谢物的酸碱性而定。酸性的水果一般都为碱性食物而不是酸性食物，鸡、鱼、肉、蛋、糖、米等味虽不酸但却是酸性食物。所以，人在运动后，应多吃些富含碱性的食物，如水果、蔬菜、豆制品等，以保持人体内酸碱度的基本平衡，保持人体健康，尽快消除运动所带来的疲劳。

3. 跳绳后不要立即饮大量的水

许多跳绳者运动后，感到口渴，这是由于在运动中出汗较多而引起的。口渴时，跳绳者不管不顾，拿起冷饮咕咚咕咚一口气喝个痛快，当时感到解渴、舒服，可是这样对身体有害。运动后立即大量喝冷饮，是十分不符合生理卫生的。运动中全身血液循环加快，所有内脏器官的温度相对比安静时高，此时大量饮入冷饮，很热的肠胃遇冷会突然收缩，很容易引起腹痛。

跳绳之后，不要急于饮水。应稍作整理活动，等到脉搏恢复正常、汗擦干之后，方可饮水。水的温度也不应过高，一般来说，比体温低5°～10°最科学，水分和养料最容易被肠吸收。

中国营养学会在总结西方以及日本饮食构成经验教训的基础上，并结合我国传统饮食结构模式，确定了我国成人合理的饮食结构指标，具体内容是：要求成人每人每月摄入粮谷类14kg、薯类

3kg、豆类1kg、肉类1.5kg、鱼类500g、植物油250g、蛋类500g、奶2kg、蔬菜12kg、水果3kg。根据这一指标，要求每人每天需要摄入的总能量为10MJ，方可达到饮食营养健康标准。食物的营养成分各有不同，只有合理搭配才能达到均衡饮食的目的，满足人体的营养需求，促进身心的健康发展。因此，跳绳者要注重食物的广泛性，尤其是要多食用谷类，以补充能量及蛋白质。同时也要多学习饮食健康科学知识，让饮食健康为身心健康服好务。

第十章

校园跳绳游戏

　　体育游戏教学已经成为校园体育教学中的重要组成部分，它能够把教育的目的和教学目标潜移默化地融入其中，不但有利于培养学生的良好道德品格，还能够发展学生的智力、培养学生的身体基本活动能力、运动技术和技能，还能够促进和提高学生的社会交往能力和社会适应能力。本章主要介绍校园跳绳教学与训练过程中相关跳绳游戏的应用。

游戏一　石头剪刀布

图10-1　石头剪刀布

【目标】

培养学生挑战精神和团队合作精神，发展跳跃能力。

【场地】

在空地上规定两条相距10米的平行线，代表"起点"和"终点"。

【器材】

短绳若干。

【方法】

规定一个距离10米的起点和终点，学生分成两队，在起点面对面站好。教师示范动作：并脚跳为石头，弓步跳为剪刀，开合跳为布。听到口令，两人面对面进行石头剪刀布。赢的一方向前进行持绳并脚跳行进，最先到达终点的一人获胜，进行下一组比赛，最终到达终点人数多的一方获胜。

游戏二　摇绳过江

图10-2　摇绳过江

【目标】

培养学生探究精神和团队合作精神，发展跳跃能力。

【场地】

在空地上规定两条相距10米的平行线，代表"江"。

【器材】

长绳2根。

【方法】

游戏者等分成两队，每队推选两人摇长绳，听到口令时，摇绳者从起点开始摇长绳，并载上几位本队队员（每次人数自定），边跳边向终点线移动，如果途中出现失误，则必须后退一步重做，直至将队员安全地运送过"江"。到达对岸后，摇绳者返回，再运送其他队员过"江"，直至将本队队员全部运送过"江"，率先完成游戏的队伍获胜。

游戏三　穿越火线

图10–3　穿越火线

【目标】

培养学生挑战精神和团队合作精神，发展跳跃能力。

【场地】

在空地上规定两条相距10米的平行线，代表"起点"和"终点"。

【器材】

短绳2根。

【方法】

将学生分为两组，由两位同学在终点拉直绳子，距离地面50～60厘米高度。听到口令，一位学生从起点跑到绳子的位置跳过绳子，之后再从绳子下面钻出来，若碰到绳子则不计数。规定时间内，两队比赛成功返回数量多的队伍获胜。

游戏四　时空穿梭

图10-4　时空穿梭

【目标】

培养学生挑战精神和协作精神，发展跳跃能力和灵敏素质。

【场地】

平整空地。

【器材】

短绳若干。

【方法】

　　将学生分为两组，一组拿绳准备，另一组排队站好。听到口令，拿绳的学生进行两弹一跳节奏同步跳绳，另一组的学生从一侧出发，穿过绳子陆续跳出。

游戏五　对折绳子

图10-5　对折绳子

【目标】

培养学生突破自我精神和团队合作精神，发展奔跑能力。

【场地】

在空地上规定两条相距15米的平行线，代表"起点"和"终点"。

【器材】

短绳若干。

【方法】

将学生分为两组并排站好，在每个队伍的对面一定距离处放一根绳子。听到口令，队员从起点出发到绳子位置对折一次后立即返回，与下一个学生击掌，下一个学生出发进行绳子对折。规定对折绳子次数，最先完成的队伍获胜。每次只能有一个人去对折一次绳子。

附 录

幼儿国家体育锻炼标准（30 秒跳绳）

得分	6岁男	6岁女
0	≤2	≤4
10	6	8
20	12	14
30	18	20
40	24	26
50	30	32
60	34	36
70	38	40
80	42	44
90	46	48
95	48	50
100	≥50	≥52

国家学生体质健康标准（1分钟跳绳男生）

等级	得分	一年级	二年级	三年级	四年级	五年级	六年级
优秀	100	109	117	126	137	148	157
	90	99	107	116	127	138	147
良好	85	93	101	110	121	132	141
	80	87	95	104	115	126	135
及格	78	80	88	97	108	119	128
	60	17	25	34	45	56	65

国家学生体质健康标准（1分钟跳绳女生）

等级	得分	一年级	二年级	三年级	四年级	五年级	六年级
优秀	100	117	127	139	149	158	166
	90	103	113	125	135	144	152
良好	85	95	105	117	127	136	144
	80	87	97	109	119	128	136
及格	78	80	90	102	112	121	129
	60	17	27	39	49	58	66

2024年起海南省初中学业水平体育科目考试项目与分值设置表

组别	考别	项目	分值	备注
男生	必考	1000米跑	30	
	选考	一分钟跳绳、50米游泳、足球、篮球、排球	30	五选一
女生	必考	800米跑	30	
	选考	一分钟跳绳、50米游泳、足球、篮球、排球	30	五选一

海南省初中学业水平跳绳科目考试办法及要求

一、场地器材

平整空地、计时器、跳绳测试仪若干套、秒表（备用）。

二、测试方法

1. 考生采用正摇双脚跳绳参加考试，听到"开始"信号后开始跳绳，每跳跃一次且摇绳一回环（一周圈）计为一次，倒计时一分钟时间终了，计时器发出考试结束的蜂鸣声，考生即停止考试。

2. 跳绳时，脚的动作方法应为双脚均用前脚掌着地，落地时稍有屈膝缓冲动作，以一分钟计时所跳的次数计算成绩。

三、注意事项

测试过程中跳绳绊脚，该次不计数，考生应继续进行考试。每名考生可测试两次，以最好成绩计分。

2022—2023 年海南省初中学业水平跳绳科目考试评分标准

男（次／分钟）	女（次／分钟）	分值
176	168	30
173	165	29
170	162	28
167	159	27
164	156	26
161	153	25
158	150	24
155	147	23
152	144	22
149	141	21
146	138	20
143	135	19
140	132	18
137	129	17
134	126	16

续 表

男（次／分钟）	女（次／分钟）	分值
130	122	15
126	118	14
122	114	13
118	110	12
114	106	11
110	102	10
106	98	9
102	94	8
98	90	7
94（含）以下	86（含）以下	6

注：一分钟跳绳以个数记录测试成绩。

阳光体育常用跳绳比赛竞赛规程

一、主办单位

××××教育局。

二、承办单位

××××中、小学。

三、协办单位

××××公司。

四、竞赛日期及地点

日期：××××年××月××日。

地点：×××××。

五、竞赛组别

高中（含职校）×××年9月1日以后出生的高中学生。

初中×××年9月1日以后出生的初中学生。

小学×××年9月1日以后出生的小学学生。

六、竞赛项目

1. 个人30秒单摇跳。

2. 个人30秒双摇跳。

3. 1分钟双人跳短绳。

4. 2分钟齐心同步跳长绳。

5. 3×40秒交互绳单摇接力。

6. 团体花样跳绳表演赛。

七、参赛办法

1. 个人30秒单摇跳：男女各限报1队，每队2人。

2. 个人30秒双摇跳：男女各限报1队，每队2人。

3. 1分钟双人跳短绳：男女各限报1队，每队2人。

4. 2分钟齐心同步跳长绳：各组别限报1队，每队12人（6男6女，其中1男1女摇绳）。

5. 3×40秒交互绳单摇接力：各组别限报1队，每队3人（男女不限）。

6. 团体花样跳绳表演赛：各组别限报1队，每队7～8人（男女不限）。

7. 领队限报1名，教练限报2名，各单位参赛运动员不得超过20人。

八、运动员资格

1. 运动员应思想品德良好，遵守运动员相关规定，文化学习成绩合格，经医务部门检查身体健康并适宜参加所报名项目的比赛。

2. 各参赛队运动员须是本校在籍、在校、在读学生，报名时须进入"上海市中小学生学籍管理系统"（数据信息库），持有有效的本市学生电子学籍卡以及身份证或户口本。

3. 各参赛队的运动员必须是来自同一所学校。运动员须持学籍卡代表学籍所在学校参赛。

九、报名办法

各参赛队在11月30日前在××××上报名，并把参赛报名表盖学校章以PDF格式发送到花样跳绳组委会邮箱：××××花样跳绳组委会联系人×××，手机×××××，逾期视自动放弃。

十、比赛场地

1. 计数赛场地：5米×5米。

2. 表演赛场地：12米×12米。

3. 比赛场地界线宽为5厘米，线宽不包括在场地内。

十一、比赛器材

1. 个人30秒单摇跳、个人30秒双摇跳：新健牌棉纱绳（小学6–260、中学8–280）大会提供。

2. 1分钟双人跳短绳：珠节绳（自备）。

3. 3×40秒交互绳单摇接力：交互珠节绳（自备）。

4. 2分钟齐心同步跳长绳：新健牌4米棉绳（中间带胶）大会提供。

5. 团体花样跳绳表演赛：珠节绳（自备）。

十二、比赛项目评分办法

比赛项目评分办法见附件。

十三、录取名次

各组别、各项目录取前八名。

十四、本规程的解释权属主办单位未尽事宜另行通知

××××学生阳光体育大联赛组委会

××××年××月

附件：

比赛项目评分办法

一、个人30秒单摇跳

1. 口令

裁判员准备—运动员准备—预备—跳（或哨音）—10秒—20秒—停（或哨音）。

2. 技术要求

（1）运动员双手摇绳，双脚以交替跳的方法跳绳，每跳起一次，绳越过头顶并通过脚下绕身体一周（360°），称作单摇跳。

（2）运动员在指定场地内比赛为有效动作，踩线或者出界计数将暂停，等运动员回到场地内再继续计数。

（3）抢跳将从最后成绩中扣除5次。

（4）失误不扣分，但失误次数将被记录。

3. 计分方法

（1）应得数

每场比赛由3名裁判员计数（使用计数器），若3名裁判员计数

不同时，以两个相同计数为准；若各不相同，取两个相近计数的平均值，它为运动员该场比赛的计数应得数。

（2）最后有效次数

计数应得数减去主裁判判罚的犯规应扣次数，为运动员的最后有效次数。

4. 名次评定

比赛成绩按最后有效次数确定，次数多者名次列前；如次数相等，以失误少者名次列前；如仍相等，则名次并列。

二、个人30秒双摇跳

1. 口令

裁判员准备—运动员准备—预备—跳（或哨音）—10秒—20秒—停（或哨音）。

2. 技术要求

运动员双手摇绳，双脚同时起跳，每跳起一次，绳越过头顶并通过脚下绕身体2周（720°），称作双摇跳。其他同个人30秒单摇跳。

3. 计分方法

同个人30秒单摇跳。

4. 名次评定

同个人30秒单摇跳。

三、1分钟双人跳短绳

1. 口令

裁判员准备—运动员准备—预备—跳（或哨音）—15秒—30秒—45秒—停（或哨音）。

2. 技术要求

参赛者在规定的2米×2米区域内进行比赛，一人右手持绳，另一人左手持绳，两人同时摇绳进行比赛，跳跃过头顶通过两人脚下绕身体一周（360°），计次数1次，在规定时间内累计进行。

3. 计分方法

同个人30秒单摇跳。

4. 名次评定

同个人30秒单摇跳。

四、2分钟齐心同步跳长绳

1. 口令

裁判员准备—运动员准备—预备—跳（或哨音）—30秒—1分钟—15秒—30秒—45秒—停（或哨音）。

2. 技术要求

每队12名队员参赛（6男6女，其中1男1女摇绳），10名队员集体跳长绳，绳子在队员脚下受阻为失误，中途失误可继续比赛，摇绳者必须在听到发令后才能摇绳，比赛中摇绳者不能更换，但可以换手，两摇绳者站位距离为7米。

3. 计分方法

同个人30秒单摇跳。

4. 名次评定

同个人30秒单摇跳。

五、3×40秒交互绳单摇接力

1. 目标

3×40秒交互绳单摇接力，即为3名队员在120秒时间内，按照先后顺序依次以40秒接力的形式轮流摇、跳交互绳，跳绳者在交互绳中完成尽可能多的双脚轮换跳。

2. 口令

裁判员准备—运动员准备—预备—跳（或哨音）—15秒—30秒—换—15秒—30秒—换—15秒—30秒—停（哨音）。

3. 技术要求

（1）运动员必须采用双脚轮换跳跳法，其他跳法不计数。

（2）运动员在指定的场地内比赛为有效动作。

（3）按口令要求摇、跳绳者必须从静止开始，在"换"的口令下达后，摇、跳绳者允许在不停绳的情况下，完成摇、跳绳动作的互换，否则视为抢跳或抢换，每次犯规都从比赛应得数中扣除5次。

（4）跳绳顺序：准备进绳者必须在跳绳者对面入绳，跳绳者出绳后必须接力摇绳。

（5）摇、跳绳者在转换过程中停绳将按一次失误计算。失误不扣分，失误次数将被记录。

4. 计分方法

跳绳运动员双脚轮换跳累计右脚成功次数。其他同个人30秒单摇跳。

六、团体花样跳绳表演赛

1. 目标

表演赛是指在3～4分钟的时间内，7～8名运动员通过以跳绳为主，与音乐有机地融合在一起的多种跳绳动作表现形式，通过高超的技术展现、默契的团队配合，全面展示跳绳运动的多样性、观赏性、创意性和娱乐性。

2. 口令

裁判员准备—运动员准备—预备—开始（音乐），中间没有时间提示，在"8分钟"比赛结点会宣告"时间到"。

3. 技术要求

（1）长绳长度至少7米；

（2）正在参与表演队员人数的一半或失误后耽搁时间4秒为界，不超过为轻微失误扣除0.5分/次，超过为严重失误扣除1分/次。

4. 评分因素

表演赛评分因素由创意编排、动作难度和娱乐表演等3部分构成，满分100分。

5. 失误判定

失误是由场上活跃选手的百分比决定分数，而不是选手人数。每个重大失误将从总分中扣除1分，每个小失误扣除0.5分。重大失误指至少影响场上半数活跃队员的失误或者任何持续4秒以上停顿的失误。其他失误均认为是小型失误。

6. 评分办法

表演赛最后得分为创意编排、动作难度和娱乐表演的总分减去失误扣除的分数。

动作难度（满分40分），评分办法见表演赛动作难度评分细则。

创意编排（满分40分），评分办法见表演赛创意编排评分细则。

娱乐表演（满分20分），评分办法见表演赛娱乐表演评分细则。

绳之韵

——花样跳绳运动进校园

第一部分　动作难度分组成（40%）

难度等级	10分
跳绳动作元素	10分
跳绳形式	10分
队员之间互动	10分
元素转换	10分
小计	50分——换算成40%

第二部分　创意编排分组成（40%）

同步性	10分
完成效果	10分
原创性	10分
音乐使用	10分
小计	40分——换算成40%

第三部分　娱乐表演分组成（20%）

娱乐价值	10分
流畅度	10分
细节关注度	10分
观众反响	10分
小计	40分——换算成20%

参考文献

［1］刘树军.花样跳绳［M］.北京：高等教育出版社，2013.

［2］江波.国外跳绳运动发展动态［J］.解放军体育学院学报，
　　2005（2）：74-75.

［3］刘景刚.民族民间体育［M］.大连：大连理工大学出版社，2010.

［4］赵振平.从小玩跳绳［M］.北京：人民体育出版社，2000.

［5］王守中.跳绳［M］.北京：人民体育出版社，1980.

［6］太田昌秀.愉快的跳绳运动［M］.廖玉山，译.台北：大展出
　　版社有限公司，1995.

［7］张欣.绳彩飞扬［M］.沈阳：白山出版社，2010.

［8］张力为，毛志雄.运动心理学［M］.北京：高等教育出版社，
　　2007.

［9］田麦久.运动训练学［M］.北京：高等教育出版社，2006.

［10］全国体育院校教材委员会.中国武术教程［M］.北京：人民
　　体育出版社，2003.

［11］WINKLER M. Rope Sport: The Ultimate Jump Rope Workout

　　［M］. Hoboken: John Wiley & Sons, Inc., 2006.

［12］白晋湘.民族民间体育［M］.北京：高等教育出版社，2010.

［13］金秋.舞蹈欣赏［M］.北京：高等教育出版社，2003.

［14］张瑞林，王浩.体育舞蹈［M］.北京：高等教育出版社，2005.

［15］杨兴权.健身舞蹈［M］.北京：人民体育出版社，2008.